根性なしでも10kgヤセたい!!

石本哲郎著

こんにちは。
女性専門パーソナルトレーナーの石本哲郎です。
はじめにお伝えしておきますが……僕は、
モデルさんや、女優さんの
トレーニングを
一切受けつけていません。

なぜなら、
「表に出る人は意識が高く、
僕の指導じゃなくてもヤセられる」から。

僕は、あくまで一般女性の
ダイエットに寄り添いたい。

「ついプリンとか食べちゃったり、
運動をすぐにサボったりする」
くらいのリアルなメンタルの中で、
どうしたらストレスが少なくダイエットを成功させるかに
こだわっています。

一般女性には
一般女性の
ダイエット法が
あるんです!!

トレーナーの
いしもとてつろう先生

トレーニングモデルの
ソギョンちゃん

OH MY GOD!! いしもとのじっけん

25回もの
太ってヤセての実験を
一挙にご紹介します!

⚠ よいこはマネをしないでね!

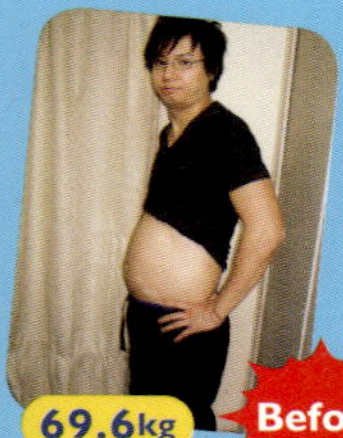

69.6kg Before
2 weeks after...

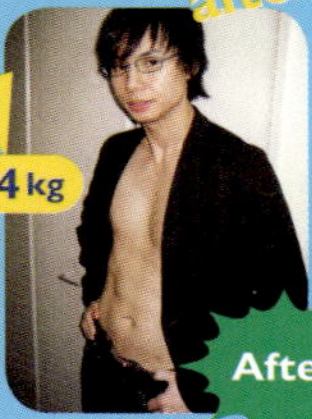

61.4kg After

20日間で10kg増やし、
2週間で8.2kg落としました。

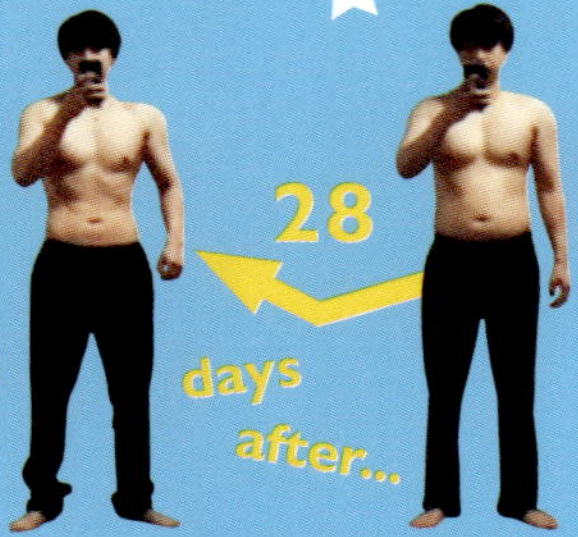

Before → 28 days after... → After

もれなく
お腹もヤセた!

脚ヤセ祭りを開催。
わざと5kg太り、28日間でヤセました。

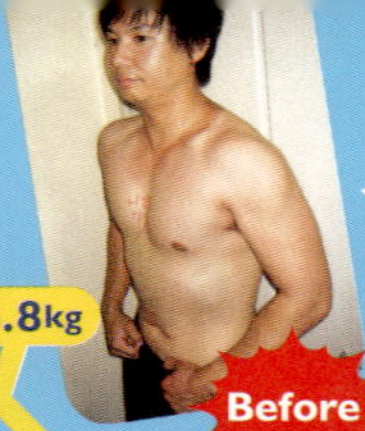

66.8kg Before
2 weeks after...

59.8kg After

2週間で
腹筋の割れた
イイ体に

Before
1 weeks after...

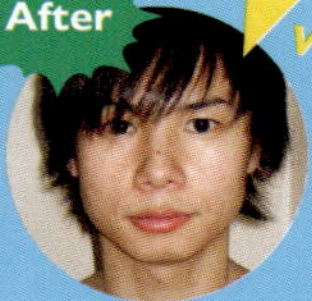

After

二重あごも
撃退できるよ!

1週間で
5kg落としました。

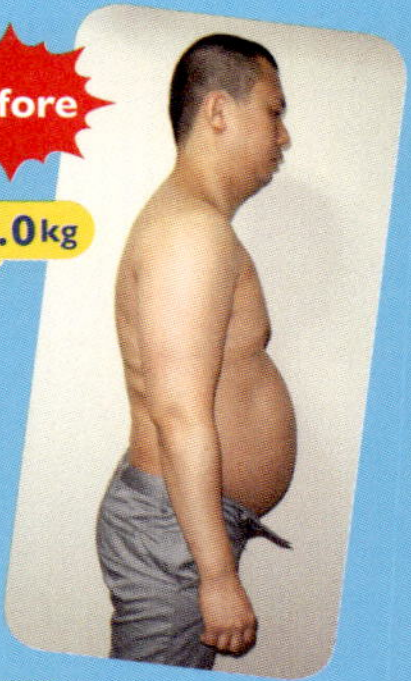

Before 90.0kg

4 months after...

1カ月間
有酸素運動なしで
-10kg!

1カ月間
マックだけを食べて
-5kg!

1カ月間
コンビニ食だけを食べて
-5kg!

1カ月間
麺類だけを食べて
-5kg!

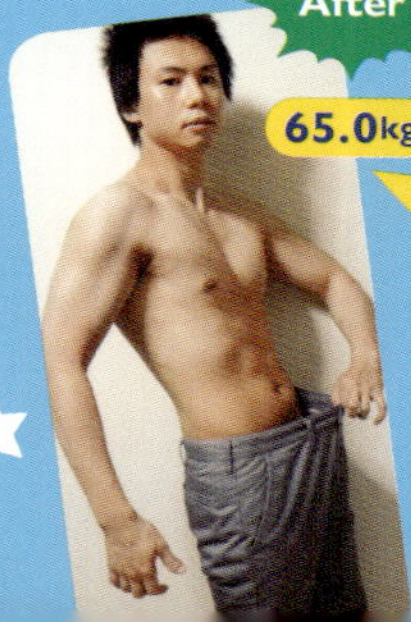

After 65.0kg

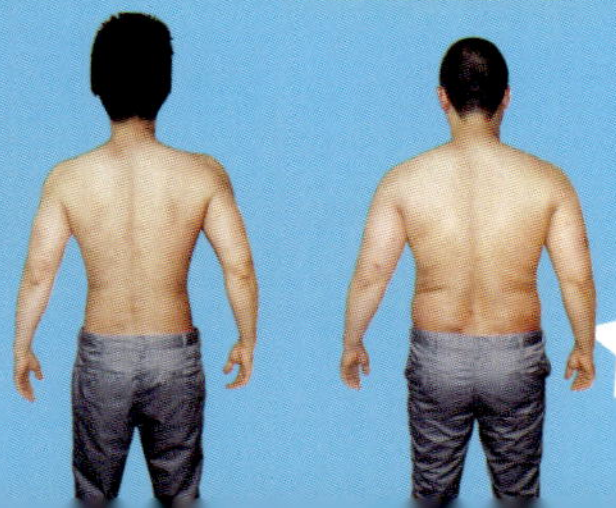

また、僕自身**25回ものダイエット実験**をしていて、
太ったりヤセたりをわざと繰り返してわかった
ダイエットの三大条件があります。

① 筋トレしないダイエットは、まじで非効率！

筋肉量を増やさないと、
代謝低下にあらがいようがない！

② 自分に厳しくできない人こそ、短期じゃないと、モチベーションが続かない！

「ダイエットモード」に入っている人のほうが
成功しやすい。

③ 総摂取カロリーより総消費カロリーを多くすること！

カロリーの欠損を出せば、
確実に体重は落ちる。

この三大条件を読んで、
「めっちゃ当たり前だし！」と思ったあなた。
でも、ダイエット法は大きく分けて3つあるんです。

① 食事管理だけでヤセる

体脂肪も落ちるけど筋肉も落ちる。

② 筋トレだけでヤセる

「筋肉は増えて、脂肪は減る」かもしれないけど、
体重の変化が小さく、成功率は非常に低い。
ジムを見渡せば、
体型の変化が万年ない人が大勢いる。

③ 筋トレ＋食事管理でヤセる

筋トレと食事管理の両面から
ダイエットの効果が何倍にもなる。

わざと90kgまで増やしたら、
お腹はポッコリ出て二重あごに。太っているだけでこんなに老けるんです！

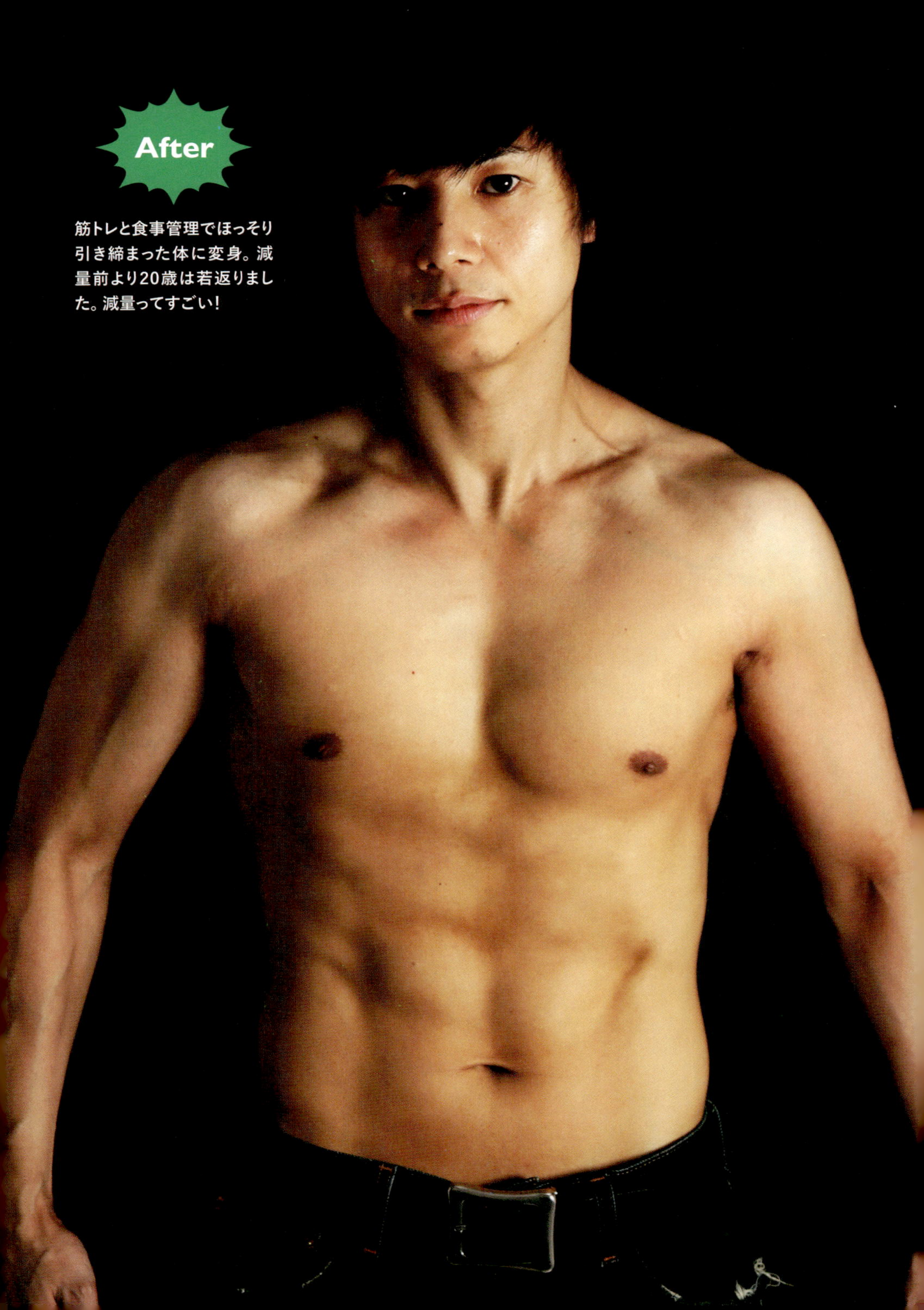

筋トレと食事管理でほっそり引き締まった体に変身。減量前より20歳は若返りました。減量ってすごい！

そう、ダイエットの成功には、

③ 筋トレ＋食事管理が大正解。

でも、1年でゆるゆるとダイエットしようとすると、
結果が出ない人が大多数。
だから、僕は言いたい。
「短期集中でヤセたほうが、
むしろ成功する!」と。

そして、“短期減量のプロフェッショナル”として
「最低限のストレスで、
自分史上最高のダイエット」
を提供したいと思っています。

それが、
根性がなくてヤセられない人にこそ
知ってほしい、
「日本一やさしくて厳しいダイエット」
なのです。

DIET START

CONTENTS

PART 1

短期集中のほうがダイエットは成功する

PART 2

3カ月で10kgヤセたい!!を叶える具体的な方法

PART 3

3カ月で10kgヤセたい!!を成功に導く食事術

PART 4

3カ月で10kgヤセたい!!を叶える冷蔵庫を作れ!

PART 5
週2回×15分! 最も効率のいいトレーニング術

PART 1

短期集中のほうがダイエットは成功する

我慢と向き合うダイエット。
ダイエットを長期間続けられずに
挫折する女性を多く見てきました。
目標を定め、短期間で最短距離を一気に走りきる!
これが、石本流の短期集中ダイエットです。

わざと「太って⬍ヤセる」実験を
25回も繰り返したトレーナー

25回も「太って↕ヤセる」実験を繰り返して得た教訓

私は減量指導のプロとして、一般女性たちのダイエットを数多くサポートしてきました。その中で「ヤセにくい」「リバウンドを繰り返してしまう」「モチベーションが続かない」といった悩みをたくさん聞いてきました。

女性たちはなぜ、ダイエットに失敗してしまうのか——。その答えを知るため、私は自分の体をあえて太らせてからヤセる人体実験を25回行いました。

そこでわかったのが、自分に厳しくできない人こそ、モチベーションを持続できる「短期間」でヤセるべきであること。そのためには、「時短の筋トレ」と「食事管理」の両輪で効率を上げるべき、ということです。

特に、筋トレ未経験の人が筋トレをすると、面白いほど成果が現れます。このチャンスは人生に一度きり。ですから、今まで自分を甘やかしてきた人にこそ筋トレに挑戦してもらい、一発で減量を成功させてほしいのです。

リバウンドを繰り返せば繰り返すほど、カラダには大きなストレスがかかって、取り返しがつかないダメージを負うことも。

「ヤセる！」と決めたら、一発で本物のヤセ体質を手に入れる！　これが鉄則です。

本書では、私の数多くの指導と自らの実験で導き出した、一般女性が無理なく3カ月でヤセられる「日本一やさしくて厳しいダイエット」をご紹介していきます！

女性が短期でヤセるメリット

なぜ、短期ダイエットなのか？　ひとつは、**ダイエットの要となるモチベーションを持続させるには期間をできるだけ短くすべきだから**。僕の短期減量の指導では「8月の休暇で水着を着る」などの直近の期限と目的を明確にして挑むので、ダイエットに失敗した女性はいません。また、ダイエット中は食事量が減るため、ストレスも増えて心身ともに不健康な状態。ダイエットは短期間に越したことはないのです。

「短期間でヤセるのがいいって当たり前だけど、できたら苦労していないし、やっぱり体によくないでしょ」と思った人。それは**無理な食事制限だけでヤセようとした場合の話**。現実的でないから失敗やリバウンド、健康被害を引き起こすのです。

今回の短期集中ダイエットは、僕ののべ1万人以上に及ぶ一般女性へのダイエット指導から導き出した**「時短筋トレ」と「適切な食事管理」**により、最短ルートでヤセることが可能です。これなら、不健康なヤセ方や女性が嫌がる老けた雰囲気もしっかり防ぐことができます。

短期のメリット・デメリット

メリット
- モチベーションを維持できる
- ストレスを感じる期間が短い
- 結果が出るのが早い
- 成功率が高い

デメリット
- ストレスレベルが高くなりがち
- ダイエットの知識がそれなりに必要
- 許容できる“食べすぎちゃった日”が少ない

短期集中ヤセとは、超効率重視
最短ルートダイエット

「ヤセにくい！」という実感のある女性の特徴は？

私は、減量指導でヤセにくいと悩む女性たちとたくさん向き合ってきました。そこでわかったのが、人よりもヤセにくいと感じている女性たちの共通点です。


「食事制限しているつもりでも、じつは思ったより食べている」

「若い頃に過激なダイエットをした経験がある」

「10年以上前と同じ食事、同じ運動量でヤセると勘違いしている」


この3つは、特によく見られる特徴です。

また、生まれつき筋肉が少ない、代謝が低いなど、遺伝的に太りやすい人がいることも確かです。彼女たちは頑張って運動量を増やしても、食事を減らしても、本当にヤセづらいのです。

しかし、心配は無用！

そういう女性たちでも、本書のダイエット法で減量に成功していますので、諦めずにチャレンジしてくださいね。

ヤセにくい！という実感のある女性の特徴

1

「全然食べてない」と、思いきや食べている

ある論文によると、**「太っている人ほど摂取カロリーを過小報告する」**というデータが報告されています。

これは、食べたことへの罪悪感から、自分の都合のいいように記憶を書き換え、無意識に食べたものを頭の中から削除しているから。

減量指導の場でも、詳しく話を聞いてみると、「そういえばジュース飲んでました」「アイス食べました」と思い出す人がいます。

自分に厳しくできないからこそ、ダイエットに失敗してしまう。そこでまずは、**はじめの1週間で食生活と摂取カロリーを記録して、自分自身と向き合ってもらいたいのです。**

現状を知った上で、食事改善に取り組むことが減量成功の大切な一歩になります。

ヤセにくい！という実感のある女性の特徴
2

「ストレスで太る」はあながちウソじゃない

「ストレス太り」とよく言いますが、これは本当の話。ストレスを感じると、ストレスホルモンのコルチゾールが分泌されて、脳や体にさまざまな影響を及ぼします。**コルチゾールは筋肉のたんぱく質を分解する作用があり、代謝低下の原因にもなるため、ダイエットには大敵です。**
ストレスを感じるとドカ食いに走る人がいますが、そのドカ食いによって自己嫌悪に陥り、さらにストレスを感じて負のスパイラルにはまってしまいます。
ストレス対策をしっかり行うことがダイエットの成功率アップの秘訣なのです。そのため本書ではストレスをなるべく感じない減量法を紹介していきます。

ヤセにくい！という実感のある女性の特徴
3

かなりのレベルで消費カロリーが低下している

「食べる量は変わらないのに太ってきた」「昔はドカ食いしても1日断食すればすぐ元の体重に戻ったのに、今はまったくヤセられない」といった悩みを抱えている女性は多いと思います。
これは、年とともに体の代謝が低下してくる上、大人になると1日の活動量も大幅に減ってしまうため。
加えて会社では内勤で1日中座りっぱなしという人は、若い頃より消費カロリーが想像以上に減少していると考えてください。
こうした代謝と運動量の低下は、誰にでも起こりうること。意識的に活動量を増やしたり、筋トレで筋肉を増やして代謝を高めたりすることで対処できますのでご安心を！

減量に入った時点で代謝は下がる！

みなさん、減量中に最も苦労する時期はいつかわかりますか？

それは終盤です。例えば、身長１６３㎝、60kgの女性で目標52kgだった場合、体重が55kgにさしかかったあたりから、**急に体重の減り具合が悪くなって壁にぶち当たる**といったパターンです。

終盤に体重が減らなくなる理由は、減量が始まると徐々に代謝が下がっていくため。

筋トレで筋肉を増やすから代謝は上がっていくのでは？　と思いますよね。

じつは、１日あたりの基礎代謝量は、体重ではなく、おおよそ体表面積に比例するといわれています。

ボディビルダー並みに筋肉量が多く、体表面積が多い人でない限り、10kg近く体脂肪だけが落ちたとしても、カラダの表面積は一気に減ります。すると、基礎代謝もそれに応じて下がってしまうのです。

それだけでなく、**減量が長く続くとカラダの内部代謝も少しずつ下がっていきます**。

減量で摂取カロリーを減らすと、体は優先順位の低い部分から代謝機能を停止していくためです。

カラダの中で最も優先順位の高い部分は脳、その後は順番に心臓、各臓器など生命活動に必要とされる機能から優先されていきます。**たとえ2カ月間断食しても、脳には死ぬギリギリまで栄養が供給される**のです。

ダイエットで肌荒れが起きたり、髪や爪の伸びが遅くなったりするのはこのため。

つまり、終盤ほど代謝が落ちて減量に対するクオリティが問われるにもかかわらず、モチベーションは下がってしまうので、ますます難易度が上がってしまうのです。

ですから私は、**終盤に近づくほど、気を抜いてはいけない**と指導しています。みなさんも減量を行う際は、このことをしっかり自覚しておいてください。

ツラくなってくる終盤を乗りきるいちばんの対策は、

「8月にある結婚式までに10kgヤセる」

といった**明確な目的と期限を設けておくこと**です。

そうすれば、停滞期を乗り越えてダイエットに成功した自分と出会えるでしょう。

ここが重要！

「どうしても筋トレしなきゃダメ？」と聞く人への説法

筋トレしないダイエットは、とにかく非効率です！

「筋トレが苦手だから、食事制限だけでなんとかヤセることはできませんか？」と聞かれることがよくあります。しかし、食事だけで体を変えるのには限界があります。

私の指導経験上では、食事制限だけだとよほど代謝が高いか、遺伝的に恵まれていない限り、大半の一般女性では、どんなに頑張っても体脂肪率は22％くらいまで減らすのが限界ですし、険しい道のりです。

それ以上を目指したり、最短距離でヤセたいなら、やはり**筋トレで筋肉を増やし、代謝を上げる必要**があります。筋トレをすれば、食事制限だけでダイエットするよりもはるかに脂肪を撃退しやすくなりますし、そもそも体脂肪率は筋肉量を増やさないとなかなか下がりません。

糖質制限をすれば体重は減るのでは？　と思うかもしれませんが、過激な糖質制限をするとダイエット明けに糖質を摂ったとき、恐ろしい食欲に襲われて、非常に高い確率でリバウンドしてしまいます。私はそういう女性をたくさん見てきました。

それに、食事制限だけでダイエットを行うとなると、筋トレを行った場合に比べてヤセる速度は確実に遅くなり、ストレスを感じる期間も長くなってしまいます。

モチベーションを持続させることがダイエットの成功の鍵であることを考えると、**筋トレをして代謝を上げていくことがいちばんの近道であり、確実な方法**なのです。

また、筋トレのような強度の高い運動をすると、脳下垂体から成長ホルモンが分泌され、筋肉の成長や、体の酸化を防いで細胞レベルでの若返りを促します。数えきれないほどのアンチエイジング効果をもたらして、肌や髪、爪を美しくします。さらに、筋トレを行った日は、代謝が若干上がった状態が数時間から1日持続する、というデータも。少なくとも、**筋トレを行った日は代謝がアップしてヤセやすくなる**のです。

本書では、筋トレが苦手な人や自分に厳しくできない！という人に向けて、週2回15分だけ、という時短メニューを組みました。この短時間でも、成長ホルモンが分泌されるような筋トレメニューにしてあるので、効果は変わりません。

それに筋トレ未経験の人は筋肉が増えやすく、十分に代謝アップが狙えます。筋トレ自体のメリットも加味して、筋トレは絶対にやったほうが得なのです！

「3カ月で10kgヤセたい」を叶える成功法則

「カロリーは1日1200kcal」、「たんぱく質は1日60g以上」、

「筋トレは週2回15分だけ」、「有酸素運動をする」、

「とにかくよく寝る！」、「サプリメントを活用する」

短期集中ダイエットでは、**この6つの法則さえ守れば確実に体重が減っていく**と思ってください。ダイエットの軸になるのは、筋トレと食事改善です。効率よくヤセるには、まず筋トレが必須です。同時に、有酸素運動も必ず行います。

食事は、1日のカロリー摂取量を1200kcalに落として、摂取カロリーより消費カロリーを増やします。これで体重は確実に落ちていきます。筋肉の材料となるたんぱく質は、何があっても1日60g以上摂り、サプリメントで栄養を補います。

睡眠不足だと筋トレの効果が下がり、代謝も低下するため、しっかり寝ましょう！

この6つの具体的な進め方を次章でご紹介します。

PART 2

3カ月で10kgヤセたい!!を叶える具体的な方法

ここからは、実際に何をすれば減量に成功できるかを、
わかりやすく紹介していきます。
きちんと実行すれば、確実に体重は落ちていきますので、
信じて最後までついてきてくださいね！

カロリーは1日 1200kcal

ダイエットの基本は、「消費カロリー＞摂取カロリー」です。のべ1万人以上の一般女性を指導してきた私の経験によると、20〜40代の女性は1日１８００kcal摂取すると体重が増え、１２００kcal以下に減らすと体重が減り始める人が多いようです。体型を現状維持するなら１５００kcalが目安。
今回は1カ月で３〜３・５kg落としたいので、身長体重に関係なく、まずは1日の摂取カロリーを１２００kcalまで抑えてください。
それでも体重が減らない場合は１０００kcalまで落とすこと。ただし、カロリーが不足すると健康被害が起きたり、逆にヤセづらくなったりするので、最低でも１０００kcalでとどめておきましょう。

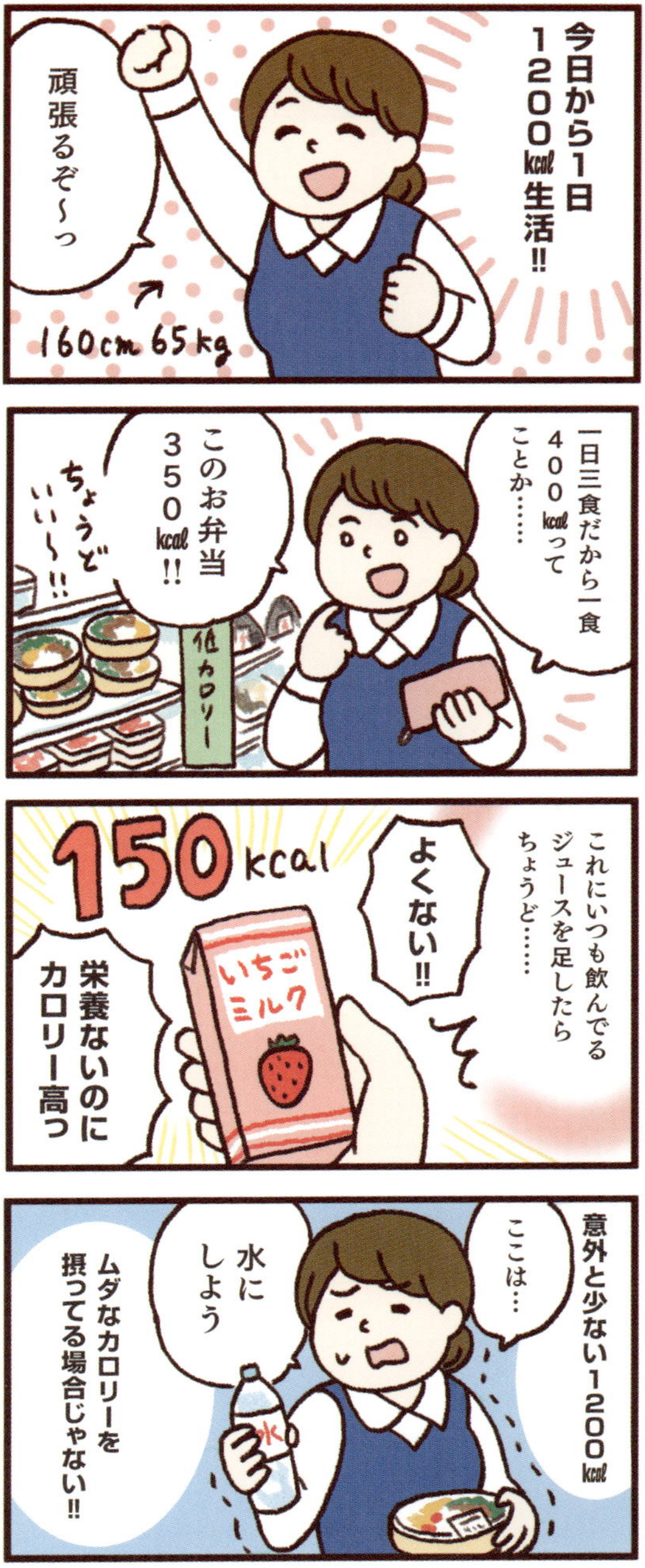

口に入るものはすべてカロリーを意識すべし!

食事管理アプリで楽々カロリー計算

カロリーの確認はアプリで行うととっても便利。カロリーの計算はもちろん、PFC(たんぱく質・脂質・糖質)の管理ができるので、食べるものの質がグンと上がっていきます。そうなると、「1200kcalしか食べられない!」と思うのではなく、「たんぱく質が多い食材にしよう!」と、補う方向に気持ちが向くので、節制のしんどさも薄れてきます。また、限られたカロリーの中でもできるだけメリットを発生させたいので、咀嚼せず満足感がないのにカロリーがあるような飲み物は避けて。

詳しくはP51へGO!

2

たんぱく質は1日60g以上を守る

ダイエットは「シンプル・イズ・ベスト」。栄養バランスの計算まで細かくやっていたら続けられません。栄養はとにかくたんぱく質を1日60g以上摂取すればＯＫです！
筋肉は24時間、分解と合成を繰り返しているため、材料となるたんぱく質を朝食、昼食、夕食で分けて20g以上ずつ摂ってください。1回でまとめて摂ると、たんぱく質の供給が滞って、筋肉が減少する原因になります。摂取の間隔は寝る時間を除いて6時間以上空けないこと。例えば夕食が遅くなる場合は、途中でたんぱく質10gの間食を摂る工夫を。
筋トレ後は、筋肉が作られるゴールデンタイムなので2時間以内に20g以上摂取。つまり、筋トレ日は1日80g以上摂りましょう。

便利な食材を活用してたんぱく質をしっかり摂ろう！

摂取カロリーを1000kcal以下にまで下げてもなかなか体重が落ちないという人は、食事の量ではなく中身が悪い可能性が大。その中でも最も重要なのはたんぱく質の確保です。たんぱく質量が少ないと筋肉が落ちやすくなり、食事を摂ることで発生する消費カロリーも落ちるなど、よいことはひとつもありません。ヤセたいなら必ずたんぱく質を摂りましょう。

詳しくはP52、58へGO！

3

筋トレは週2回 15分だけでいい

運動キライ! 自分に厳しくできない! と嘆く人でも無理なくできるように、週2回、たったの15分で効率的に代謝アップできる時短メニューを組みました。
でも、それだけで本当に筋肉がつくの? と疑問に思うかもしれません。
私におまかせください! さまざまな筋トレテクニックを駆使すれば、十分効果が見込めます。
しかも、筋トレ初心者なら週2回×15分でも確実に筋肉の増量が期待できます。それに筋トレをすると、数時間から1日程度は代謝が上がった状態が続く上に、成長ホルモンも分泌されるので、細胞からカラダが若返りますよ!

女性のダイエットにハードな筋トレは不要！

筋トレと聞いて、何十kgもあるバーベルを死に物狂いで持ち上げたり、気が遠くなるまで腹筋や腕立てをしたり……と怯えている人。安心してください！ テクニックを駆使すればハードなトレーニングは必要ありません。一部の筋肉を集中的に刺激する“ちょいキツ”のトレーニングでOK。初心者なら速攻で効果が現れます。それに今回鍛える筋肉は、日常生活の動きに重要な筋肉なので、鍛えると活動しやすくなりますよ。

詳しくはP91へGO！

有酸素運動で消費カロリーをできるだけ増やす

筋トレで筋肉をつけて代謝を上げれば何をしても消費カロリーが出やすい状態になります。つまり筋トレを併用すれば、有酸素運動を行うほど、効率よくヤセられるということ。ジョギングのほか、自宅でできるステッパーがオススメ。テレビを見ながらできるので、面倒くさがりな女性も続けやすいです。

何より有酸素運動は、カロリーを摂りすぎた場合の対策としても非常に有効。食べすぎたらその分消費カロリーを増やして調整する、と考えるようにしてください。

摂取カロリーを1200kcalに抑えても体重が減らない場合も有酸素運動が有効です。どんなに代謝が低い人でも、消費カロリーを地道に増やすことで体脂肪は減っていくはずです。

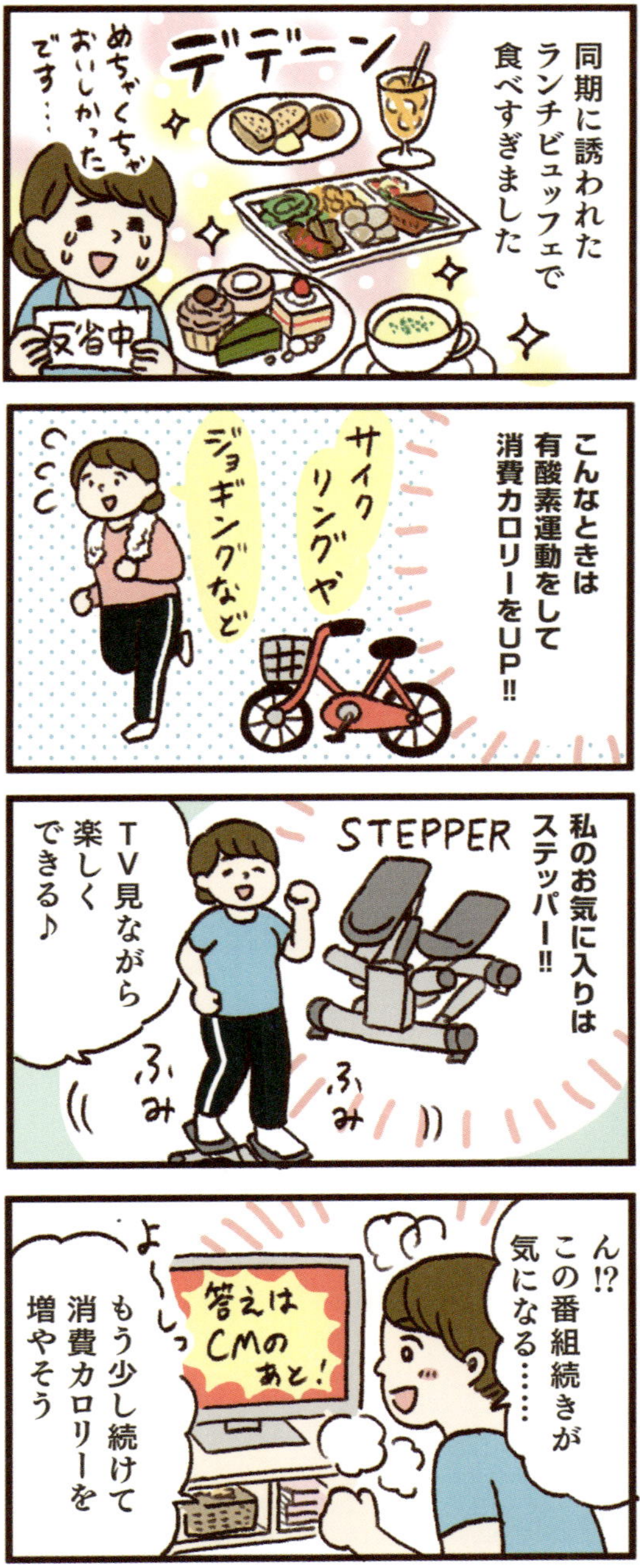

効率的に消費カロリーを増やす!

コアビクサー
メーカー希望小売価格
14,800円(税込み)

有酸素運動を行うときに有効なのがステッパーです。さまざまな商品がありますが、僕がオススメするのは「コアビクサー」。左右の踏み込みにひねり動作を加えたツイストステッパーで、上半身をひねりながら行うので全身への負荷が期待できます。ただし、効果が高いストッパーを使うのは有利ですが、気軽に取り入れられる踏み台昇降もオススメです。

詳しくはP110へGO!

「3カ月で10kgヤセたい!」を叶える成功法則

5

とにかく よく寝る!

睡眠不足はダイエットの天敵。睡眠不足だと、ムダな食欲がわきやすく、筋トレをするためのパワーも出なくなり、その結果ヤセづらくなります。体作りのプロであるボディビルダーにも、筋トレを休んででも睡眠を優先する方もいるくらいです。

また、筋肉は日中も合成されていますが、最も多く合成される時間帯は睡眠中です。睡眠不足は筋トレの効果が発揮されないだけでなく、筋肉が作られなくなってしまいます。

ですから減量中、毎日よく寝ることが大事になりますが、特に筋トレの前の日は、たっぷりと睡眠をとることを心がけてください。個人差もありますが、基本的には7時間以上寝ることをオススメします。

ダイエットでも早寝早起きは三文の得！

脳や体を休めて、メンテナンスを行う睡眠時間を増やすことは、まさに寝るだけダイエット！ 寝不足だと、筋トレは頑張れないし、食欲がわきやすくなりがちなので、睡眠不足はいいことなしです。今より1時間多く寝るだけで、空腹でドカ食いするリスクも激減！ 朝は糖質を摂っていい時間帯なので（P62参照）、甘いものだってOK。夜の口さみしさを感じる前に寝る。楽しみは朝にまわす。ストレスを感じにくいサイクルを作りましょう！

短期減量にはサプリメントの活用が必須

今回のように短期減量を健康的でキレイに行うためには、ぜひサプリメントを活用してください。カロリー制限をしながら筋トレや強度の高い運動を行っている場合、食事だけではすべての栄養を補うことが難しいからです。特に年齢が上がるほど摂っていただきたいのです。

サプリにはさまざまな種類がありますが、最も摂ってほしいのはマルチビタミン&ミネラル。栄養全体の底上げをすることで、さまざまな健康被害のリスクを下げることができ、短期減量がより進みやすくなります。

また、最近ダイエットをする女性の定番になってきているBCAAもオススメのサプリメントです。

サプリメントをダイエットの味方につける

まず摂ってほしいのがマルチビタミン&ミネラル。ビタミンは相互に作用するのでひとつだけ摂ってはもったいない。行儀が悪い場面でなければ吸収率がいちばん高まる食事の途中で摂るのがオススメです。アミノ酸であるBCAAは減量中に筋肉を減らさないようにしてくれる効果があるのでこちらもぜひ取り入れて。筋トレ中、有酸素運動中に摂取すれば減量中でも力が出て頑張れるはずです。

60kg⇒50kgは可能だけど50kg⇒40kgは不健康!?

「ダイエットで10kg減らす」とひと言に言っても、体格や年齢によってダイエットの難易度や最終的な体の仕上がりは大きく違ってきます。

例えば目標体重が30kg台、と聞くと不健康に感じますが、１４０cm台の小柄な人にとっては問題のないことも多くあります。

とはいえ、やはり個人差があるので、体重や体脂肪率ももちろん重要ですが、**体調や見た目も考慮しながらダイエットを進めていきましょう**。

また、短期間で10kg減らす難易度に関しては、体重が多い人、若い人ほど簡単といえます。

一方で、どの年代も一気に体重を落とすとお腹のたるみが出やすくなります。これは**筋トレと適正な食事改善を同時に行っていくことで、できる限り抑えられる**ようになります。

また、年齢が上の人ほど体脂肪率を下げると、顔の脂肪も落ちて老け感が出やすくなります。本書の内容を守れば発生率はかなり低く抑えられますが、しわやほうれい線が濃くならないように、鏡に映る見た目を気にしながら進めるようにしてください。

ダイエットをする上で大切になるのは、「10kg減らすこと」ではなく、**自分にとっての理想の体型を実現すること**です。

目標体重に到達することにこだわりすぎて、顔が老けてしまったり、体脂肪を落としすぎて女性らしさが失われてしまっては、美しくなるために行っているはずのダイエットに意味がなくなってしまいます。

最終的には、数字にとらわれることなく、**見た目の美しさを実現することを目的**にしてください。自分の中で満足できる体になったな、と感じたら、10kgヤセていなくても合格点としましょう。

42ページからは、年齢や体型、運動頻度、食生活など条件の異なる、さまざまな過去のダイエット例を紹介していますので参考にしつつ、減量を進めてみてください。

そして、みなさんなりの理想のボディを目指してくださいね。

こんな人は10kgヤセられる!

A子（30歳・身長160㎝）の場合

現在
65kg
⇓
3カ月後
55kg

-10kg 目指してOK

☑ 食事管理をしたことがない
☑ 甘いものが大好き
☑ 実家暮らし

食事改善してバランスを見直す

30歳のA子さんはこれまで食事管理の経験がなく、スタート体重も多めだったので、10kg減の55kgを目指して、比較的スムーズに減量を進めることができます。

ただし、実家暮らしの場合、家族はダイエットの敵にも味方にもなります。減量中であることを親に伝え、食事改善に協力してもらいましょう。

もしくは短期のダイエットなので、ダイエット期間中は自分専用の食事を用意するのも対策のひとつです。

盛りつけは自分で

こんな人は10kgヤセられる!

B子(35歳・身長165㎝)の場合

現在
70kg
⇓
3カ月後
60kg

-10kg目指してOK

筋トレなんて
私には無縁ですね
OShare

☑ひとり暮らし
☑外食が多い
☑ほとんど運動しない

運動してこなかった人に筋トレはオススメ

初期体重が多く、筋肉量の少なかった35歳のB子さんは、人生初の筋トレで一気に代謝がアップし、ダイエットモードに突入できます。
ひとり暮らしで外食メイン、摂取カロリーも多いので、食事改善の効果も大きく、10kg減を目指すべきでしょう。ただ、10kgヤセたとしても理想の体型にならない可能性が高いです。ですので、そこからは少しペースを落として、引き続き筋トレと食事管理で減量していきましょう。

筋トレ&
食事改善に
チャレンジ

こんな人は 8kg ヤセられる!

C子(42歳・身長155㎝)の場合

現在
60kg
⇓
3カ月後
52kg

-8kg
を目指す!

食事も運動も
気遣ってます!

☑ 子育て中
☑ 自炊がメイン
☑ 活動量がそこそこ多い

筋トレをプラスして代謝アップを狙う

C子さんは、毎日自炊プラス活動量多めの状態ですが体重が落ちません。それは加齢と筋肉量減少による代謝の低下がおもな原因と考えられます。

食事管理に筋トレをプラスしても、大幅な代謝アップとはいえず、子育て中の環境では有酸素運動にさく時間も限られています。3カ月で8kg減、その後ペースを落として見た目も加味しながら、目標体重までは減量を続けていきましょう。

筋トレを
取り入れて

こんな人は 5kg ヤセられる!

D子（50歳・身長150㎝）の場合

現在
53kg
⇓
3カ月後
48kg

-5kg を目指す!

運動量には
自信あるよ〜
水

- 外食が多いがお昼はお弁当
- 外回りの仕事をしている
- 週1回はジムに通っている

代謝が下がらないよう注意して行って

50歳で小柄なD子さんは、年齢的なことに加え、すでに筋トレの習慣があります。

活動量が多かったことを加味し、3カ月で5kg減を目指しましょう。

年齢が高いとどうしても筋肉が落ちやすくなります。また、急速な減量は老け感が出やすいため、少しゆるめに減量しましょう。そうすれば美しく健康的にヤセることができます。

少しだけ長い目で減量を考えてあげるといいかもしれません。

年齢による
デメリットも
考えて

短期減量を成功させるには3つの期に分ける

今回の短期減量では、「ウォーミングアップ期➡減量期➡維持期」という3つの時期に分けて進めていきます。

はじめの1週間は、やり方を覚える「ウォーミングアップ期」です。筋トレを覚えつつ、7日間の食生活とカロリー、体重、体脂肪率を記録していきます。こうして、まずは自分の正確な摂取カロリーと代謝レベルを把握します。

2週目からは、「減量期」で食事管理をスタートします。筋トレと食事管理で、代謝を上げつつ、有酸素運動も取り入れて体脂肪を落としていきます。

3カ月で目標体重に到達したら、あとは「維持期」として、筋トレとゆるめの食事管理を継続してください。

「目標体重に届かなかった」、「もっとヤセたい」という人は、維持期ではなく、少し摂取カロリーを増やしつつ有酸素運動を減らす「ゆる減量期」を続けるのもありです。

1週間

ウォーミングアップ期

食事内容そのまま●記録＋筋トレ

減量のやり方に慣れてもらうための1週間。週2回の筋トレを覚えつつ、毎日の食生活と体重、体脂肪率を記録して、正確なカロリー摂取量と代謝を把握しましょう。現状のリアルな食事量をつかむため、これまでと食事内容を変えないようにしましょう。

3カ月

減量期

食事管理●記録＋筋トレ

筋トレを覚えたら、2週目から食事管理をスタート！ 週2回×15分の筋トレに加えて、1日の摂取カロリーを1200kcalまで減らし、有酸素運動も行っていきます。毎日、朝昼晩で20g以上のたんぱく質を摂るようにします。

その後

維持期

筋トレはマスト!!

ダイエットを達成した後も、週2回×15分の筋トレとゆるめの食事管理を続け、代謝を維持していきましょう。筋トレは続けますが、体重を落とすわけではないので、カロリー摂取量は減量期のカロリーから300～500kcalアップさせてOKです。

なぜ、最初から減量期にしないの？

短期なのに「**ウォーミングアップ期**」に1週間も費やすの？　と思った人。

じつはこの慣れるための期間がとても重要なんです。筋トレを覚えて、有酸素運動をして、摂取カロリーを減らして……とすべてを一度に始めると、ストレスレベルが一気に上がって挫折しやすくなるためです。特に、本書を手に取っているみなさんは運動が苦手、自分に厳しくできない、という人が多いはず。ですから、**まずははじめの1週間で筋トレを覚えて、慣れてきた頃に食事管理をスタート**してもらいます。

また、週2回×15分の筋トレでは少なく感じるかもしれません。筋トレが苦手な人やダイエット初心者に向けて、できる限り頻度と所用時間を減らし、その代わりきちんと効果が出るように強度高めのメニューにしています。

筋トレ初心者の人はもともと筋肉量が少ないため、この量でも**筋肉がついて代謝アップにつながりますし、ある程度筋肉がある人でも筋肉が増えるメニュー**です。筋トレ自体にも代謝アップ作用があるので、どんな女性にも十分効果があります。

PART 3

3カ月で10kgヤセたい!!を成功に導く食事術

「これさえ守れば絶対にヤセる！」

という食事術をわかりやすくお伝えします。

ルールはとってもシンプル。

自分に厳しくできない人もこれならきっと実行できるはずです！

ヤセるためには自炊or
コンビニ食をかしこく選択
必要な栄養を摂る方法

みなさん、外食したときにどのくらいカロリーを摂っているか、知っていますか？夜に外食してお酒も飲むとなると、総摂取カロリーは**平均して2000㎉を超える**と思ってください。今回は短期集中なので、**1日1200㎉まで抑える必要があります**。外食では、必要な栄養素を摂ることも難しくなるため、可能な限り自分でカロリー調整できる自炊を選択していきましょう。

たんぱく質60g以上を摂取し、良質な脂質を適量摂りつつ、糖質を場面によって調整できることが理想です。これを外食で実現するのに活躍するのがコンビニです。

まず、**何があっても1食あたりのたんぱく質量20g**は死守しましょう。たんぱく源のサラダチキンは、どこのコンビニでも取り扱っていますが、サイズが選べて美味しいローソンがオススメです。お弁当なら、セブンイレブンの小さいお弁当シリーズが優秀。400㎉以下でたんぱく質10~15gは摂れる、サバ弁当や鶏そぼろ弁当が揃っています。これに卵を1個プラスすれば、たんぱく質20gも十分に摂れるはず。

また、食事の時間は、**毎日3食同じタイミングで摂るのがベスト**。自炊なら食べる時間とメニューを固定しやすくなります。カラダがリズムに慣れてくると、空腹を感じづらくなり、少量でも満足感を得られるようになります。

カロリーとPFCバランスの考え方とは

カラダに必要な三大栄養素は、たんぱく質（Protein）、脂質（Fat）、糖質（Carbohydrate）で、それらの摂取バランスを**「PFCバランス」**と呼びます。必要なタイミングで必要な栄養素を摂取すれば必然的にPFCバランスは整うので、摂取割合を固定する必要はありません。まずは**たんぱく質を1日60g以上**摂りましょう。そして**1日上限の1200kcal**を守ります。たんぱく質をしっかり摂るようになると、食欲が抑えられて一石二鳥です。

ただし、たんぱく質ばかり摂るといった偏った食生活は、腸内環境の悪化や脂質不足による肌荒れ、便秘、生理不順を引き起こす危険性があります。また糖質を避け、たんぱく質と脂質だけで1200kcalを済ませると脂質過剰で質の悪い脂質が増え、美容的な悪影響が起きやすくなります。

1日1200kcal以内、Pを1日60g以上、筋トレの日はCを多め、それ以外の日は卵や魚からFを多く摂っていくと、自然に理想的なPFCバランスが整います。

PFCバランス

P たんぱく質（Protein）

筋肉や臓器、血液、皮膚などの材料であり、カラダを構成している主成分。酵素やホルモン、免疫細胞の材料でもあり、欠かすことのできない存在です。筋肉は24時間分解と合成を繰り返していて、定期的な摂取が必要となります。減量中は毎食20gずつ、1日合計60g以上の摂取を目指しましょう。たんぱく質は1gあたり4kcal。女性に嬉しい効果としては、むくみ改善や肌、髪のハリツヤUPなどが挙げられます。

F 脂質（Fat）

ホルモンや細胞膜の材料となり、肌や髪にうるおいを与えてくれる大切な栄養素。脂溶性ビタミン（ビタミンA、D、K、E）の吸収率をアップさせる働きも。不足すると肌荒れや生理不順、便秘を引き起こします。オメガ3であるDHA、EPAを豊富に含む青魚は積極的に！ ただし、脂質は1gあたり9kcalあり、三大栄養素の中で最もカロリーが高いので、カラダによいとはいっても摂取量には注意しましょう。

C 糖質（Carbohydrate）

糖質制限で知られているように、摂らなくても生きていくことができる栄養素ですが、脳の唯一のエネルギー源である上、効果的な筋トレをするためにも必須の栄養素なので、きちんと摂りましょう。筋肉を増やしたい場合や効率的に体脂肪を落とすためにも非常に大切です。たんぱく質と同様に、1gあたり4kcalなので、適度な摂取を心がけましょう。

たんぱく質20gって どのくらいの量？

サラダチキン1個に約24gのたんぱく質量が含まれています。卵1個が約6g、豆腐1丁が約15gです。

たんぱく質量の高い食材を知っておこう!

PFCガイド

どのくらいのたんぱく質量があるのか、糖質量があるのかなどを頭に入れておくと、レストランで食事するときも買い物をするときにもとても便利です。食材選びの参考にしてください。

	食品名	オススメ	カロリー(kcal)	たんぱく質(g)	脂質(g)	糖質(g)	コメント
主食	ブランパン(30g)	○	65	5.1	2.7	2.2	糖質をほぼ摂らずに食物繊維が摂れる
	ライ麦パン(70g)	○	185	5.9	1.5	33.0	パンの中では脂質が少なめ、食物繊維が豊富
	玄米(150g)	○	248	4.2	1.5	51.3	白米よりはいいが、必須でもない
	もち麦ごはん(150g)	◎	209	4.4	0.8	44.6	ごはん系の中では最も優秀
	オートミール(100g)	◎	380	13.7	5.7	63.1	非の打ち所がない糖質摂取源
	かけそば(170g) ※かまぼこ10g含む	○	268	11.6	1.8	47.3	そば粉が優秀なので2:8そばや10割そばを選択して
	かけうどん(250g) ※かまぼこ10g含む	△	307	9.9	1.1	58.5	糖質摂取として問題はないがあえて食べるものでもない
肉料理	牛ヒレステーキ(130g) ※トマトソース、野菜120g含む	(○)	332	28.3	20.4	5.0	たんぱく質に対して脂質が半分以下ならオススメ
	鶏ももソテー(60g) ※皮あり	○	137	10.0	10.1	0.0	鶏の皮には大量の脂質が含まれているのでできれば取り除いて。これだけで約70kcalほど下げられる
	豚ロースステーキ(90g)	×	281	16.5	22.3	0.2	たんぱく質より脂質が多いので×。豚ロースを選ぶならなるべく安いものにして
	ささみ串 たれ(30g)	◎	44	8.2	0.3	1.4	ささみはどんな時でも万能。たれと塩の差はたかが知れているのでどちらでもOK
	とりもも串 たれ(30g)	△~○	70	5.2	4.3	1.6	高いものほど脂質量が多くなる傾向があるので、高い店では避けるのが無難
	レバー串 たれ(30g)	◎	40	5.8	0.9	1.5	高たんぱくだけでなく、鉄など他の栄養素も豊富で最強
	サラダチキン(115g)	◎	112.7	21.7	0.8	1.0	便利さは群を抜いている。ただし毎回食べると飽きやすい。味を色々変えるべし
	スモークささみ(35g)	◎	37	7.8	0.3	0.4	たんぱく質のちょい足しに便利
魚料理	サラダサーモン(60g)	○	127	12.8	8.0	1.0	気軽に魚を摂れる。ただし青魚に比べるとDHAやEPAは少なめ
	焼きサバ(60g) ※野菜31g含む	◎	197	15.3	13.5	1.0	魚介類の中でも最強であるサバはほんとオススメ!
	サバの干物(70g)	×	244	13.1	19.9	0.1	サバの良さである良質な脂質が完全に酸化。あえて食べる必要はなし
	カツオ刺身(60g)	◎	99	15.0	3.7	0.1	たんぱく源としては非常に優秀。居酒屋行った時にはぜひ

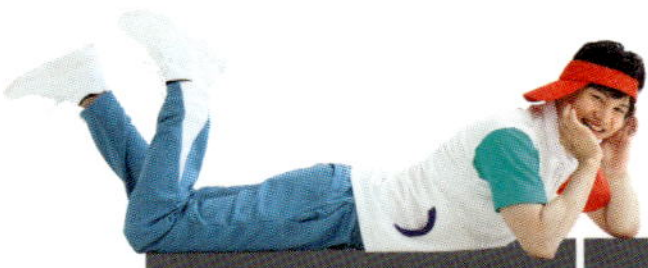

食品名		オススメ	カロリー(kcal)	たんぱく質(g)	脂質(g)	糖質(g)	コメント
缶詰	サバ缶(水煮)(160g)	◎	304	33.4	17.1	0.3	4重丸でもいいくらいにとにかく優秀。良質な脂質とたんぱく質を同時に摂れる
缶詰	ツナ缶(水煮・ライト)(80g)	◎	57	12.8	0.6	0.2	たんぱく源として優秀。絶対に「水煮」を選択。油の入ったタイプは大豆油などが足されていて魚の油ではない点に注意!
卵料理	ゆで卵(50g)	◎	76	6.5	5.0	0.2	ビタミンC以外のビタミンミネラルを摂れるほぼ完全栄養食。サプリが苦手なら必須中の必須
卵料理	オムレツ(50g) ※ケチャップあり	◎	104	6.5	7.0	2.6	卵は調理法で若干吸収率が変化するが無視していいレベルなのでお好きに
卵料理	ハムエッグ(卵50g・ハム20g)	◎	133	9.4	9.9	0.4	朝食のおかずとしてとても便利。卵2個使えばたんぱく質15gに。さらに主食を足せば20gを超えられる
乳製品	牛乳(200ml)	×	134	6.6	7.6	9.6	脂質が多く、脂質自体も魚と比べて良くない。ミネラルの比率も悪い
乳製品	低脂肪乳(200ml)	△	92	7.6	2.0	11.0	脂質が削られているので摂っても問題なし。しかし「味が好きなら」程度であえて摂らなくてもいい
乳製品	無調整豆乳(150ml)	○	69	5.4	3.0	4.4	30代以降の女性であればイソフラボン摂取目的も加わるので◎。ちょっとしたたんぱく質摂取に優秀
乳製品	ヨーグルト(低脂肪無糖・100g)	◎	45	3.7	1.0	5.2	手軽さに加え食べた感もあり腸内環境に好影響ととても優秀。ちょこちょこ摂りたい
間食	ビーフジャーキー(5g)	○	16	2.7	0.4	0.3	間食やアルコールのおつまみなどに。塩分が多いので注意
間食	するめいか(100g)	○	334	69.2	1.7	0.4	間食やちょっとしたたんぱく質摂取の底上げに。たんぱく質としての価値はお肉や魚には劣るのでメインにはしない
野菜	ブロッコリー(35g)	○	12	1.5	0.2	0.3	それなりに摂れる栄養素としっかりとした咀嚼であれば便利
野菜	トマト(220g)	○	42	1.5	0.2	8.1	女性のダイエットでは彩りを楽しむのも大事。ちょっとした赤は良い。カリウムはむくみ対策になるので夜にオススメ
野菜	ブロッコリースプラウト(40g)	◎	8	0.8	0.2	0.3	ダイエットというよりアンチエイジング的な価値。特に老け感を出したくない女性は積極的に
野菜	緑豆もやし(100g)	○	14	1.7	0.1	1.3	栄養素としては価値はほぼないが、食べた感とコスパが非常に優秀
果物	キウイフルーツ(70g)	△	41	0.8	0.1	9.5	果物自体は摂っても摂らなくても。食べたい場合はたんぱく質と相性の良いキウイを
果物	パインアップル(50g)	△	27	0.3	0.1	6.3	キウイと同様。パパインという酵素の影響で高たんぱく質との相性が良い

ヤセる食事、結局何を食べる？

ここまで食事管理のコツを紹介してきましたが、結局ヤセる食事とはなんなのか？

重要なのは、**「カロリーは1日1000～1200kcal以内」「毎食たんぱく質20g以上」**を守ること。そして筋トレの効果を最大限に発揮させる**「筋トレ2時間前の糖質」**と**「筋トレ後のプロテイン」**の摂取です。

これさえ守って、消費カロリー＞摂取カロリーを維持すれば、99％ヤセます。

小柄である、または普段まったく体を動かさないなど、代謝が低すぎる方はヤセないことが稀にありますがご安心を。その場合は有酸素運動を頑張ればよいのです。

また、ストレスなくヤセるためには、食欲を抑える工夫も重要になります。まずはなるべく**同じ時間に同じカロリーで3食摂る**こと。1週間後には体が慣れて食事以外に空腹を感じにくくなるはず。また、たんぱく質の摂取も食欲抑制効果があります。

野菜のかさ増しもうまく取り入れましょう。

たんぱく質より脂質の割合が多い食事や、揚げ物はできる限り避けましょう。

ヤセる食事4カ条

ヤセる食事のために守ることは次の4つです。これらを意識して食事を続けていれば、絶対にヤセられると断言します！ これだけは守ってくださいね。

オススメアプリ
【MyFitnessPal】
【あすけんダイエット】

① カロリーは1200kcal以下に

1日の総摂取カロリーは1200kcal以下に抑える。食べたものを記録するアプリなどを使用するとPFCバランスも管理できる。➡P28参照

② 1食のたんぱく質は20g以上摂ること

たんぱく質は1日20g以上を3回、計60g以上摂る。摂取間隔は睡眠時以外6時間以上空けないこと。空く場合はたんぱく質10g以上の間食を。➡P58参照

③ 筋トレの2時間前に糖質を摂る

筋トレをする日は、筋トレ2時間前に糖質を摂る。おにぎり1個がオススメ。和菓子やそば・うどんでも可。詳しくはPART5で解説します。➡P92参照

④ 筋トレ後にはプロテインを摂る

筋トレ後にプロテインを飲むことを習慣化させる。プロテインが苦手な方は筋トレ後2時間以内にたんぱく質20g以上が入った食事を摂る形でもOK。➡P92参照

たんぱく質を朝・昼・晩の1日3食に入れるワケ

筋肉は、24時間分解と合成を繰り返しているため、筋肉量を維持するには、間隔を空けずにたんぱく質を摂って「アミノ酸血中濃度※」を維持する必要があります。

筋トレのない日は1日たんぱく質を最低60g以上、筋トレの日は80g以上、どちらの日もカロリーが許すなら最大100gまで摂ってOKです。

重要なのは、**たんぱく質の摂取間隔を6時間以上空けないこと**。食事の間隔が6時間以上空く場合は、たんぱく質が10g以上入った間食で補いましょう。

たんぱく質は1回で10g以上摂らないとアミノ酸血中濃度があまり上がらず筋肉合成に効果が出ません。間食ではオイコスや無調整豆乳など**たんぱく質10g以上のアイテム**を選ぶこと。逆に1回30g以上摂っても反映されません。間食は10~20g、食事は20~30gにおさめるのがオススメです。

また、たんぱく質を摂取すると食事で発生する消費エネルギー＝DIT（食事誘発性熱産生）が上がり、同じ摂取カロリーでもヤセやすいというメリットがあります。

※アミノ酸血中濃度……筋肉を作るのに欠かせないアミノ酸。アミノ酸の血中の濃度をキープしながらトレーニングを行うことで、筋肥大に効果がある。

たんぱく質は1日中摂取する!

たんぱく質は3食20g以上ずつ摂りましょう。筋トレのない日は1日60g以上、筋トレの日は80g以上、カロリーが許すなら最大100gまでOKです。食事の間隔が6時間以上空く場合は、間食で補うこと。たんぱく質を補う際は、1回10g以上摂ってください。

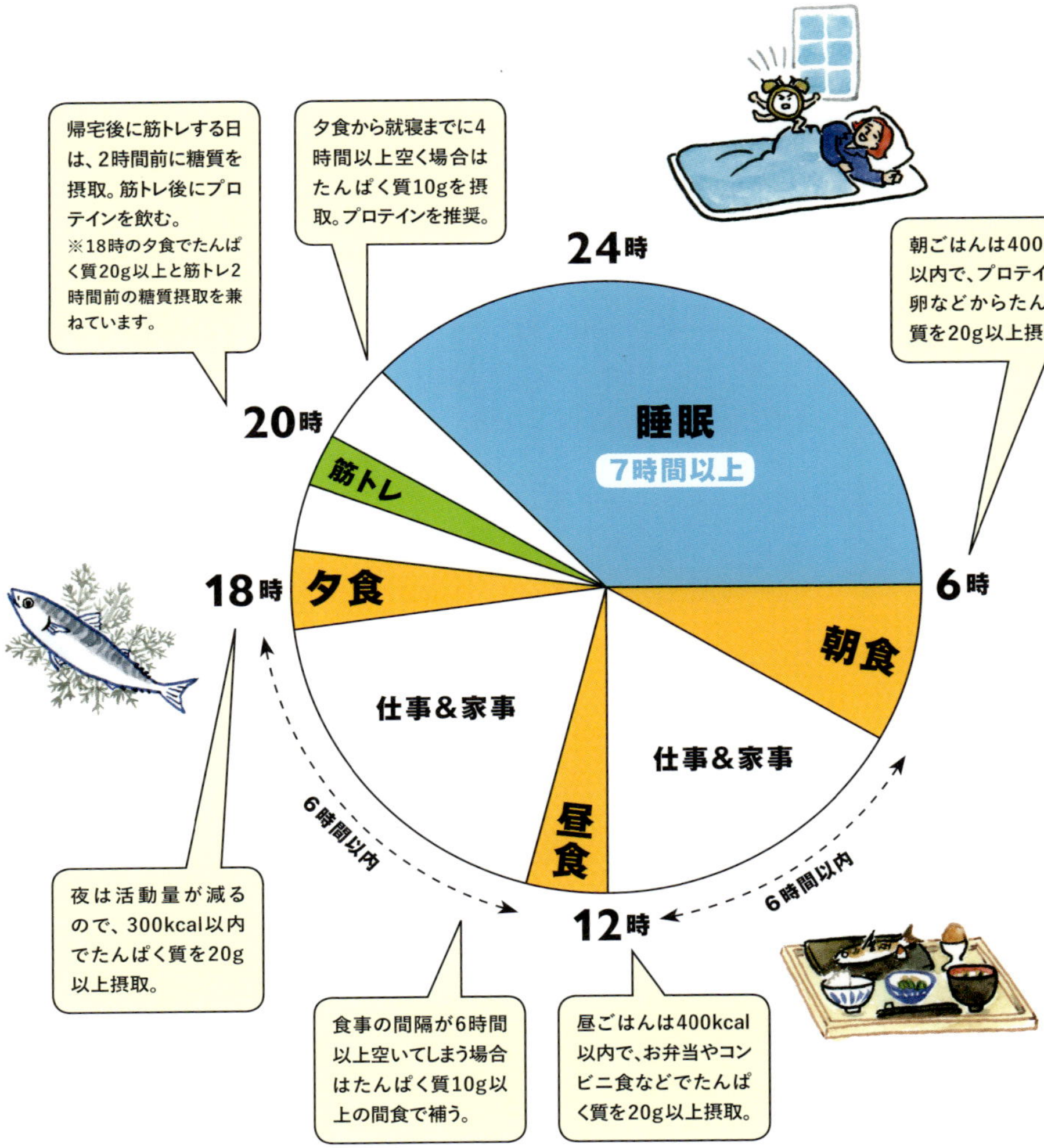

濃縮ヨーグルト

朝

朝の糖質摂取は1日の代謝を上げたりコルチゾールを抑制したりとメリットがいっぱい。白米より玄米、玄米よりもち麦ごはんがオススメ。

もち麦ごはん
ゆで卵

食事GUIDE

見るだけでわかる! 食事術

石本オススメの朝昼晩の献立です。
このくらいの量のものを食べるという
目安にしてください。

どれかひとつ選んでね!

プロテインバー

or

間食

たんぱく質が摂れたり、たくさん噛んで満足感がアップするものをチョイス。

豆乳

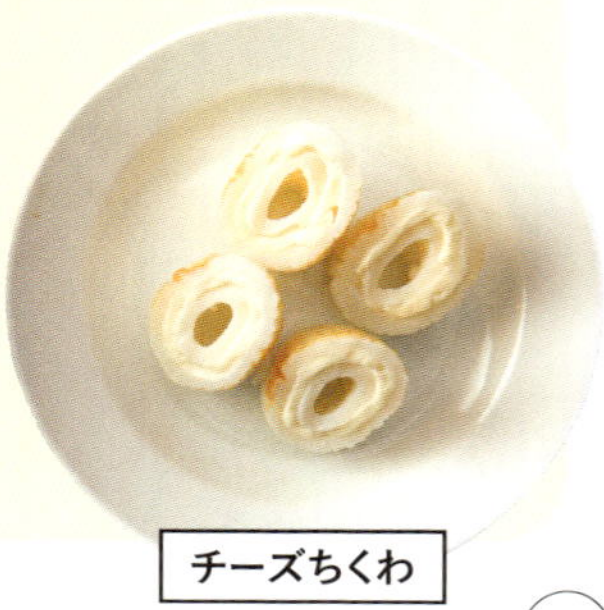

チーズちくわ

昼

お昼ごはんはコンビニを上手に使って。ほぐしサラダチキンをサラダにのせて食べたり、ブランパンに挟んだりして。

筋トレ

筋トレ前の糖質がどうしても2時間前に摂れない場合は、コンビニで「ウイダーinゼリー」の青を購入し、30分〜1時間前に飲むこと。

夜

夜は糖質を少なめに。たんぱく質をしっかり摂りながら、低カロリーの野菜を使って満腹感をアップさせて。

食事GUIDE 1

朝ごはんはコレを選べ！

朝はしっかり食べると代謝が上がってダイエットの効率がアップします。

基本は**400kcal以内で、たんぱく質20g以上が摂れていれば何を食べてもOK**です。

オススメのメニューは、たんぱく質や糖質が多めのもの。

朝、食欲がない人はプロテインだけでもよいですが、たんぱく質だけだと1日の活動代謝があまり上がらないので、できれば糖質も摂りたいところ。

パワー不足で1日中だらだら動いて、消費カロリーが減ってしまうのはもったいないですよね。それに朝はストレスホルモンのコルチゾールの分泌が高まっているため、**糖質を摂ることで分泌を下げる効果も期待**できます。

果物にはダイエットの天敵である果糖が含まれるので、あえて食べるものではないですが、もし食べたい場合は朝のタイミングがオススメ。メリットを発生させたいので、ビタミン豊富な旬の果物やたんぱく質分解酵素が含まれるキウイ・パイナップルなどがオススメです。

朝

朝食ではたんぱく質と糖質、果物も摂ってOK

選び方　食事だけでなく、プロテインも活用

たんぱく質20g以上と糖質を摂れる食材を選ぶこと。食欲がない人はプロテインを活用してください。

食材　たんぱく質や糖質が摂れるものを組み合わせる

納豆

糖質イチオシ

オートミール

ハムエッグ

朝のプロテイン習慣を

しらす

もち麦

プロテイン

ポイント　何があってもたんぱく質は摂る

糖質はなくてもなんとかなりますが、朝にたんぱく質を摂取しないと、寝る前～昼食までたんぱく質を摂らないことになり、筋肉が落ちて代謝も下がり、ダイエットの成功率が著しく下がります。時間があまりない人や食欲がない人は、プロテインに頼ってでもたんぱく質だけは摂りましょう。

石本からひと言

朝食べない者にダイエット成功なし！ プロテインだけでも

食事GUIDE 2

昼ごはんはコレを選べ！

昼は、外食の機会も多くなるのでメニューを固定せず、その日の行動や食生活に応じて臨機応変に変えてみましょう。

朝ごはんと同様に４００kcal以内で、たんぱく質20g以上だけは絶対に摂るようにし、付き合いでどうしてもカロリーオーバーする場合は、夜や朝で調整してください。

メニューは、**生活強度に応じて選ぶのが基本**。営業職で午後も活動量が多い人は、糖質を入れてサラダチキンとおにぎり、デスクワークで活動量が少ない人は、糖質を減らしてたんぱく質と良質な脂質の摂れるサバ缶や卵を食べるといった具合です。

手作りのお弁当を持参できるなら、とにかく**肉、魚、卵を入れてたんぱく質20g以上**をクリアしてください。ごはんなどの糖質の量は、生活強度で変化させます。

「今夜は外食する」という日は、たんぱく質以外を極力削ってカロリーを少なめに。ただし、昼食に限った話ではないですが、脂質を減らしすぎると生理不順など健康被害を引き起こしやすくなるので、適度に摂ることを心がけてください。

昼

昼食は手作り弁当やコンビニを上手に活用

選び方　栄養素とカロリーは夕食次第

たんぱく質20g以上は必ず摂ること。生活強度に応じて糖質の量を決める。ランチを外で食べる場合は、夕食でカロリー調整したり、逆に夕食を外で食べる場合は、昼にカロリー調整を行うなど、臨機応変にメニューを変える。

食材　コンビニを活用したり、手軽な食材を選んで弁当に

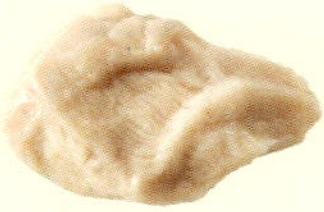

サラダチキン

ゆで卵

レタスハムサンド

ローソンのささみ串が優秀

焼き鳥（ささみ）

たこ串やつくねでたんぱく質が摂れる

おでん

おにぎり（鮭）

ポイント　そのまま食べられたり手軽な調理方法で

肉や魚を焼いてお弁当に入れるなど、なるべく簡単な調理法で。サバ缶などの缶詰はそのまま食べられるものもあるので、とても便利です。ゆで卵をお弁当に活用しても。

石本からひと言

糖質量は生活強度に合わせて、カロリーは夕食に応じて変化させるべし

食事GUIDE
3

夜ごはんはコレを選べ！

基本的に夜は自炊をして肉や魚を焼いてみましょう。難しい人は、冷蔵庫にストックしたコンビニのサラダチキンやサバ缶などを利用して、食材からたんぱく質20g以上を必ず摂りましょう。

夜は活動量が下がるタイミングなので、**摂取カロリーは朝昼よりも少ない300kcal前後が理想**。糖質を減らすタイミングは夜がベストです。

外食の場合は、たんぱく質20g以上を厳守して、カロリーオーバーしたら当日の朝昼で調整するか翌日の朝にカロリー調整、または有酸素運動を追加して対処しましょう。

筋トレの日は、「筋トレ2時間前の糖質」を夕食でついでに摂り、夕食後に筋トレしてもＯＫです。

ただし、ごはんと筋トレの間隔は2時間空けてくださいね。

糖質を減らしすぎて睡眠の質が下がったと感じる人は、**夕食に糖質20g程度を摂ると眠れるようになることが多い**です。

夜

夕食はできれば自炊をして。
カロリーは最も少なめに

選び方　3食のまとめ。不足していた栄養を補う

肉や魚（青魚や鮭など）を焼いて、たんぱく質20g以上を摂ること。カロリーは300kcal以内に抑えるため、糖質は基本摂らなくてよい。1日の栄養が不足していたら野菜、卵、サバ缶などを夜に食べること。

食材　たんぱく質を優先して。糖質はカットしてOK

サバ&ツナ水煮缶

豆腐

ささみスティック

豚ロースのしゃぶしゃぶ

ブロッコリースプラウト

糖質ゼロ麺

調理法　揚げ物はNG。ソテーなどはソースを変えて

肉や魚はソテーにして。味に飽きてしまうようならソースを変えて。揚げ物はNGです。食事の満足感が少ないと眠れなくなる人が多いので、もやしやキャベツなどでカサ増し推奨。

石本からひと言

3食中最も糖質を減らすべきは夜

種類が豊富なプロテインですが、世間では「女性だからソイ」「運動した後だからホエイ」などの神話があり、どの素材がいいのか迷っている方がとても多くいます。しかし、僕が断言できるのは「選ぶポイントはコスパ・飲みやすさ・味」です。

重要なのは、飲む人の環境に合うかどうかです。値段の差は効果の差ではなく、溶けやすさや美味しさ、人工甘味料の有無などです。また素材によって効果の差はほとんどないという認識で構いません。

何でできてるかということよりも、自分に合うか、味はどれが好きか、ということで選んで構いません。

LET'S TRY!

いしもと と いっしょ

CHECK!

動画はこちら!

ホエイ＆ソイ＆カゼインのうちどれを選ぶ？

おもなプロテインの種類は3つありますが、どれを買ったらいいんですか？という質問をよくいただきます。これが僕の答えです！

PART 4

3カ月で10kgヤセたい!! を叶える冷蔵庫を作れ！

ダイエットの効果を最大限に高めてくれる食事。
必要な栄養を最適なタイミングで摂取できるように、
まずは自宅の冷蔵庫によりすぐりの食材を揃えましょう。
ストレス軽減のための救済アイテムもたっぷりご紹介します！

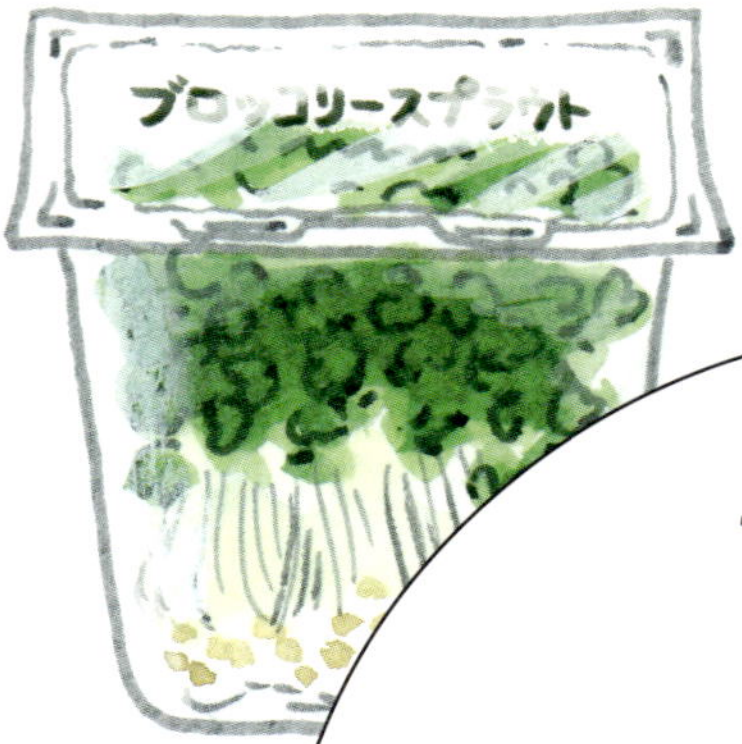

冷蔵庫NAVI

ヤセる冷蔵庫作りのための
買い物実践術

減量を成功させるために、ぜひ実践してほしいのが最強のヤセる冷蔵庫作りです。必要な栄養が気軽に摂れる食材を冷蔵庫に揃えておけば、自炊もぐっと楽になります。そこで私がオススメする、決めうちの常備食材をご紹介します！

気をつけてほしいのは、毎日同じ食材を同じ味つけにすると食べ飽きてしまうこと。食材にバリエーションを持たせる、味を変えるなど、工夫しながら取り組んでください。

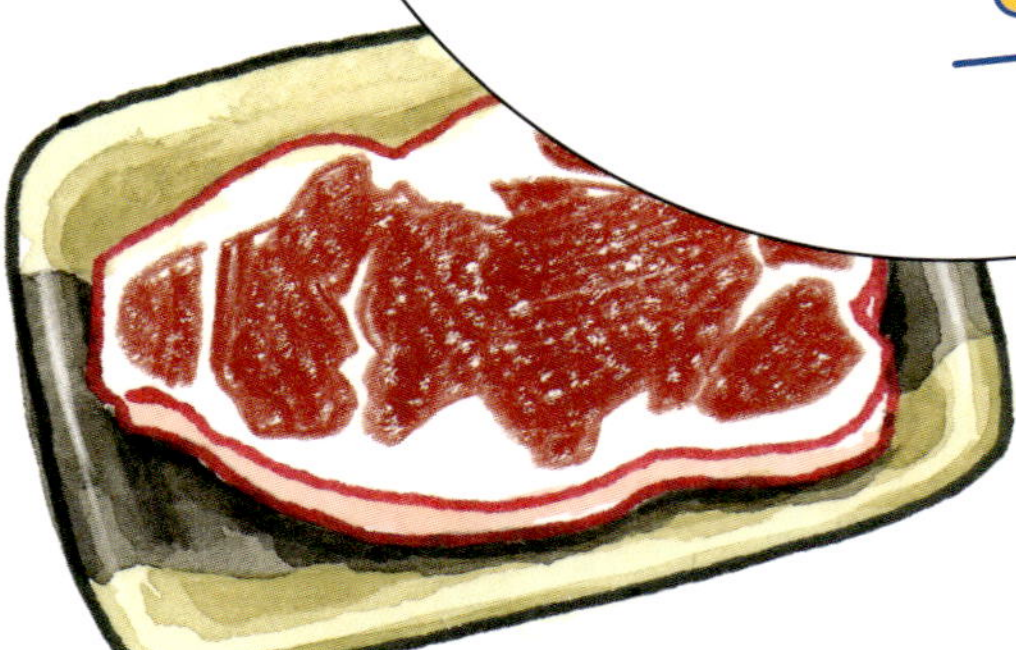

冷蔵庫NAVI
1

そのまま食べられる「たんぱく質」を常にストック！

朝イチや疲れた夜に、「そのまま食べられるたんぱく質」はとっても便利！

優秀度ナンバーワンはやはり、**高たんぱく、低脂質のサラダチキン**です。中でもローソンのサラダチキンは味がよくサイズも豊富で、カロリーやたんぱく質の含有量も選べるので使い勝手が抜群。ただし、たんぱく質量だけを考えるのはNG。たんぱく質＋αまで考えましょう。

サバ缶はたんぱく質とともにDHAやEPAなど良質な脂質、カルシウム、ビタミンが同時に摂れる最強のストック食材。また、完全栄養食といわれる卵もたんぱく源で、ビタミンC以外の栄養素がすべて含まれているのでオススメです。

発酵食品で**イソフラボンを多く含む納豆**も女性には必須の食材。腸内環境を整える働きを持ち、美肌に導いてくれるので、積極的に食べてくださいね。そのほか、手軽なたんぱく源は、**1個で約10gのたんぱく質が摂れる濃縮ヨーグルト**が優秀。低カロリーながらお腹に溜まるので、ぜひ試してみてください。

とにかくコレを買ってストック！

サバ缶

たんぱく源である上に、健康と美容に絶大な効果を発揮する良質な脂質を多く含みます。サバなどの青魚に含まれるオメガ3（DHA、EPA）は酸化しやすいため、生よりも缶詰めがオススメ。オメガ3は、血液をサラサラにし、炎症を予防して、ふきでものや肌荒れを改善する効果も。水煮缶が苦手な方は、味噌煮缶でもOK。カロリーは少し上がりますが問題ありません。

サラダチキン

鶏むね肉を蒸してヘルシーに調理されたコンビニ商品で、高たんぱく、低脂質、低糖質が魅力。味つけやたんぱく質量、カロリーも選べるので、冷蔵庫にいくつか種類をストックしておいて。ローソンでは、ささみやスティックタイプも揃っているので、飽きないように色々試してみましょう。

卵

ビタミンC以外のあらゆる栄養素を含む、完全栄養食の卵。たんぱく質、ビタミン、ミネラルが豊富で糖質もほぼゼロ。卵に含まれるコレステロールは女性ホルモンや細胞の材料になる重要な栄養素です。基本は好きな食べ方でOK。大きさにもよりますが、1個でたんぱく質約6gを摂ることができます。

濃縮ヨーグルト

通常のヨーグルトの約2倍のたんぱく質を含むヨーグルト。ひとつ食べても100kcal未満なので、カロリーは抑えたいけどたんぱく質だけ効率よく摂りたい！というときに最強のアイテムです。ねっとり濃厚な食感なので、ひとつ食べるだけで満足感も得られます。

納豆

女性ホルモンと似た働きをするイソフラボンが豊富に含まれているため、特に30代以降の女性は積極的に摂りたい食材。発酵食品なので、腸内環境を整える働きも。ただし、摂りすぎるとホルモンバランスを崩して生理不順を引き起こす場合もあるため、1日2パックまでに。

冷蔵庫NAVI
2

時間があるなら積極的に肉を焼け!!

昨今、たんぱく質を気軽に摂れる調理いらずの食べ物が多数流通しています。もちろんそれらも最大限活用していただきたいのですが、食生活を改善するという意味ではやはり自炊を基本にして、**たんぱく質も可能な限り肉や魚から食べてもらったほうがいい**と思っています。魚の場合はハードルが高くなるため缶詰がオススメです。

お肉は焼くだけで美味しく食べられる楽チンな食材。自炊の負担もあまり増えません。コンビニのサラダチキンだけではいずれ飽きがきてしまいますので、面倒くさがらずに積極的に肉を焼いてみてくださいね。塩こしょうやソース、ポン酢などを活用すれば、味つけのバリエーションも簡単に出せます。工夫してみましょう。

肉の種類は、**低カロリーで脂質の少ない部位**を選ぶのがベスト。鶏肉なら、ささみ、むね肉、皮を取り除いたもも肉などがよいでしょう。牛肉は赤身肉で、豚肉はヒレ肉をチョイスしてみてください。余計な油を使わないことも大切なので、茹でたり電子レンジを活用するのもオススメです。

鶏肉

高たんぱく、低脂質、低価格、というダイエットにうってつけの食材。部位は、脂肪が少なめのむね肉、もも肉、ささみを選びましょう。もも肉は皮にカロリーがあるので、取り除いて調理を。自作でサラダチキンを作り置きしてもよいかも!

牛肉

豚肉に比べるとダイエット向きの部位は多いですが、鶏肉と比べるとやはり脂質が多い傾向にあります。できればヘルシーなヒレやももなどの赤身肉を選ぶとよいでしょう。しかし牛肉は値段によって脂質含有量が大きく変わってくるので、自分の目で赤身の部分と脂分(白いところ)の量を確認するようにしましょう。

豚肉

基本的にダイエット中はあまり選択しない食材です。しかし、鶏肉だけだと飽きてしまうので豚肉も取り入れましょう。その際はヒレ、ロース(脂質の少ない部位)がオススメです。

冷蔵庫NAVI
3

最強野菜「ブロッコリー」でさえも……

野菜の中で最も栄養価が高いとされるブロッコリー。ビタミンC、E、Kや葉酸、カリウム、食物繊維などが豊富で、がん予防やアンチエイジングなど、さまざまな効果が期待できる、すごい野菜です。

ボディメイク界でもダントツの人気を誇りますが、正直に言うとブロッコリーをもってしても1日に必要なビタミンやミネラルを摂るのは無理だと思ってください。

ダイエット中はできるだけ効率を重視したいので、私はバランスよく確実に栄養素が摂れる、**マルチビタミンミネラルのサプリメント**をオススメしています。とはいえ、野菜はぜひ食べてほしい食材！　**満腹感や満足感を得るための、かさ増しのための食材として便利**だから。それに食物繊維不足は、腸内環境の悪化や肌荒れの原因になるなど悪影響が出る可能性があるので、どちらにしても野菜は食べるべきです。

最近は抗酸化作用が非常に高いフィトケミカルも注目されているので、美容やアンチエイジングのために野菜を食べるのもオススメです。

※フィトケミカル……植物が外敵から身を守るために作り出す、色素や辛味、香り、粘性などの成分。野菜に多く含まれるポリフェノールやカロテノイドなどが有名。抗酸化作用が強く、アンチエイジングに効果がある。

かさ増し野菜を活用！

基本的にはカロリーが少なくて、水分量が多く、シャキシャキした歯ごたえの野菜を選びましょう。私は玉ねぎやもやし、スプラウトが好きで冷蔵庫にストックしています。食物繊維が豊富な野菜だとなおよし。

ブロッコリースプラウト

ブロッコリーの新芽で、抗酸化作用の高いフィトケミカルを最も効率的に摂ることができる野菜。ダイエット効果はほとんどありませんが、キレイにヤセる手助けをしてくれる優秀な野菜です。豆腐や納豆と一緒に食べたり、サラダに加えたりすると、食べやすくなるのでぜひ活用してみてください。

もやし

みずみずしくシャキシャキした食感の、かさ増しに最適な野菜です。何より低カロリー、低価格なので、毎日たくさん食べても負担にならないのが嬉しい食材です。茹でて、鶏肉などと一緒にポン酢で食べると、さっぱりと飽きずに美味しく食べることができるのでオススメです。

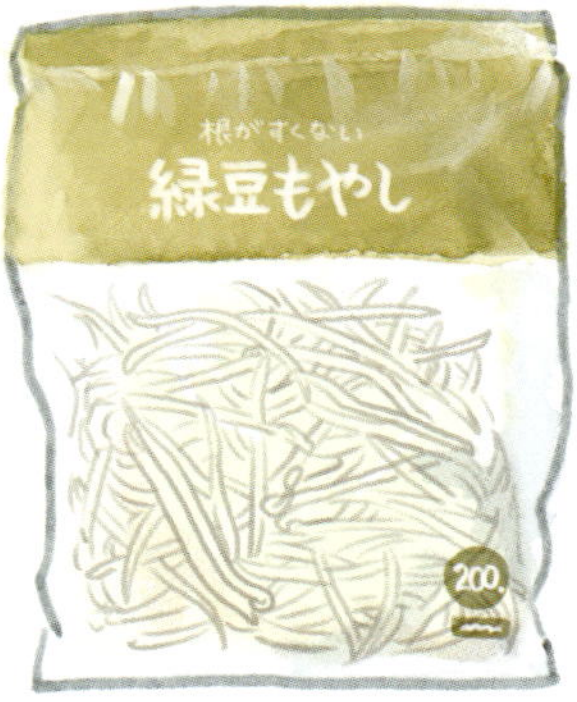

きのこ

食物繊維を狙うには非常に優秀な食材です。オートミールや水溶性食物繊維のサプリメントにはさすがに劣りますが、手軽に安価で取り入れられるという点ではかなりオススメ。美容効果や腸内環境を整えるためにも、定期的に食生活に取り入れるようにしましょう。

冷蔵庫NAVI 4

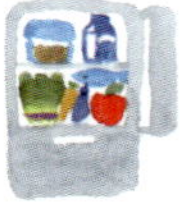

プロテイン&プロテインバーを上手く取り入れる

プロテインは、たんぱく質が足りていないときに最適です。**食事の間隔が6時間以上空いて食事が摂れない場合や筋トレ後**はプロテインの出番。朝、どうしても食欲がないという人はプロテインだけでもいいので摂りましょう。ただし、頼りすぎはNG。食生活を整える意味でも、たんぱく質はできる限り食事から摂り、プロテインは1日1回までにしましょう。**筋トレの日は、筋トレ後に飲むので1日2回までOK**です。

プロテインやサプリメントを飲む際は「しきい値※」を意識しましょう。一定量を摂取しないと効果がないので、分量を測って飲むこと。プロテインは薬事法の関係で「20g摂ってください」という具体的な記載ができないため、「1回で付属スプーン2杯を目安」などと表記されていますが、20gを超えない場合もあり注意が必要です。

プロテインにはホエイやソイなどさまざまな種類がありますが、効果はほとんど変わらないので味重視で選んでOK。ただし僕の指導経験では、カゼインを摂りすぎると便秘になる場合が多いので、避けたほうがよいでしょう。

※しきい値……境目となる値のこと。ある値以上で効果が現れるが、それ以下だと効果が現れないという境界。

プロテインはコレを選べ！

プロテインの種類は自由に選んでOK。ただし、素材によってはアレルギーや体調不良を引き起こす場合もあるので、自分の体に相性のよいものを探してみましょう！

動物性たんぱく質が原材料のホエイプロテインには、ホエイプロテインコンセントレート（WPC）とホエイプロテインアイソレート（WPI）という2種類があります。乳製品でお腹がゆるくなりやすい方は、乳糖が除去されたWPI、もしくは大豆が原材料のソイプロテインがオススメです。逆にソイプロテインだとお腹の調子が悪くなる場合は、ホエイプロテインを飲むとよいでしょう。
大切なのは、飽きずに飲み続けること。味が苦手な人は、無調整豆乳や無脂肪牛乳で割ると、美味しく飲めたという人が多くいます。

Welina 黒蜜きなこ味
4,050円（税込み）

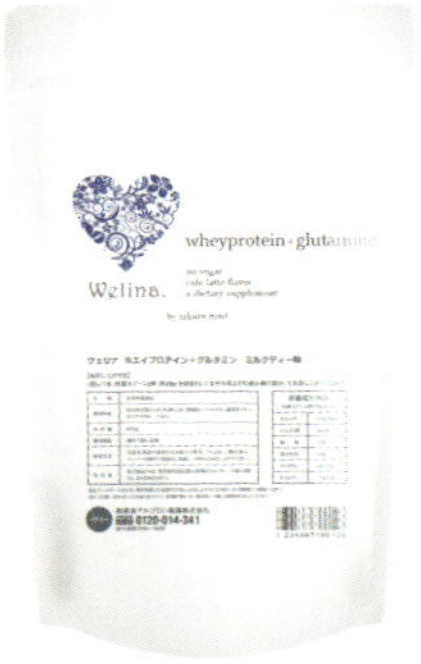

Welina ミルクティー味
4,700円（税込み）

私のオススメはボディワーカーの森拓郎さんがプロデュースした「Welina（ウェリナ）」シリーズ。ココアや抹茶以外にも黒蜜きなこや黒ごまなど、デザートのようなさまざまな種類があり、美味です。人工甘味料を使用しておらず、素材も安心です。

Shop rinato
https://rinato.shop-pro.jp/

プロテインバーを選ぶなら……

たんぱく質量が足りないとき、ちょっと小腹が空いたときに手軽に栄養摂取できるのがプロテインバーです。コンビニなどでも売っていて、すぐに食べられるのがいいですね。ただし、プロテインバーはカロリーが高くなりがちです。お菓子のように美味しいものもありますので食べすぎには要注意。

1本満足バー
プロテインチョコ

冷蔵庫NAVI 5

ゼロカロリーアイテムは単体ではなく何か合わせて食べる！

ゼロカロリーのアイテムは、空腹を満たしてくれるとっても便利なアイテムです。中でもゼロカロリーのゼリーは**かさ増し効果が絶大**なので、ぜひ冷蔵庫にストックして、小腹が空いたら気軽に食べてＯＫです。

ただし、ゼロカロリーのゼリーは単体で食べるとかえって食欲が刺激されてしまうことがあります。なんでもいいので、**ほかの食材と一緒に食べましょう**。カロリーも多少摂りつつ、**食べた満足感を増やすという方向で活用**すると、うまく満腹感を得ることができます。

ゼロカロリーのデザートや飲料なども便利ですが、人工甘味料の入った商品がほとんど。人工甘味料が苦手な方もいると思いますが、減量中においては高カロリーなお菓子を食べるより、よほど健康的だと思っています。

個人の判断におまかせしますが、何か食べた感や、甘いものがどうしても欲しい！という人は、ぜひ取り入れてみてください。

冷蔵庫NAVI 6

最強食材のひとつ オートミールを活用

ボディメイクをする人たちの朝食の定番として愛されているオートミール。

GI値（食後血糖値の上昇度を示す指標）が低く、食物繊維やビタミン、ミネラルが摂れる美容食材として有名ですが、**実際の栄養価としては特別に豊富というわけでもありません**。しかし、僕の指導経験上、オートミールを朝食に取り入れたら**「便秘が改善した」「腹持ちがいい」「体の調子がよくなった」**という報告を多数聞くので、不思議な力を持った食材だなと実感しています。オートミールを食べたらキレイになるというプラセボ効果※もあるのかもしれませんね。

オートミールは好きな味つけで食べることができます。火を入れても栄養価は一切変わらないので、美味しいと感じられる食べ方を見つけてください。僕は甘い味つけが好きで、アメリカの「クエーカー」というメーカーの「メープルブラウンシュガー」を好んで食べています。他の食べ方では、塩気のある味つけやお茶漬けの素やふりかけをかけたり、トマトソースで煮込んだりするのもオススメですよ。

クエーカー
インスタントオートミール
メープルブラウンシュガー

※プラセボ効果……有効成分が含まれていない薬剤（偽薬）によって、症状の改善や副作用の出現が見られること。プラシーボ効果ともいう。

冷蔵庫NAVI
7

アイスを食べるならカロリーしか見なくてOK

急に甘いものをやめたら、ストレスが溜まってコルチゾールが分泌されそう！　という人は、**低カロリーアイスをストック**しておきましょう。

私も甘いものが食べたくなったときに備えて、**50kcal群、100kcal群、150kcal群とカロリー別のアイス**を冷蔵庫にストックしています。いちばん少ない50kcal群はラクトアイス系、150kcal群はちょっとコクのあるタイプのアイスです。

ただしアイスはPFCバランスが優れておらず、たんぱく質や糖質量を考えても意味がありません。見るべきはカロリーと、自分が美味しそうと感じるかどうかです。

なぜカロリーにバリエーションを持たせるかというと、選択肢を用意して、自分で選ぶ行為が大切だから。食欲とカロリーをコントロールする訓練になるのです。

とはいえ、選ぶどころか冷凍庫にあると全部食べてしまう人もいるので要注意。

自信がない人は、**買い置きをしないか、100kcal以下のアイスだけに絞る**など、リスク管理も忘れずに。

冷蔵庫NAVI
8

甘い飲み物は「ムダカロリー」満腹感アップ炭酸水をストック

減量中に最も避けてほしいのが、高カロリーの飲み物です。決められたカロリーの中で、必要な栄養分を摂るだけでも配分が大変なのに、**咀嚼がまったくなく、食べた満足感も得られない甘い飲み物**でカロリーを使ってしまうのは、非常にもったいないことです。

咀嚼はダイエットにおいてとても大切で、咀嚼回数が少ないと過食になりやすいというデータもあります。

理想は、水や麦茶を飲むことですが、もうひとつオススメなのが炭酸水です。**炭酸のおかげでお腹がふくれるので、飲むだけで満足感**が得られます。

ただし、炭酸水は胃や腸を活性化させるといわれているため、まれにですが、人によってはかえって食欲を増進させる可能性があります。

実際に飲んでみて、逆にお腹が空いてしまうなど、合わないと思ったら控えるようにしましょう。

冷蔵庫NAVI
9

歯ごたえのある間食 スルメ&ビーフジャーキー

小腹が空いたときや口さみしいときのために、常備しておいていただきたいイチオシのおやつが、**歯ごたえのあるスルメやビーフジャーキー**です。

しっかり噛む必要があるスルメやビーフジャーキーは、感覚的な満足感をもたらしてくれる上に、咀嚼回数が増えることで脳の満腹中枢に刺激が伝わり、満腹感を得やすくなります。噛むことでイライラ解消の効果も期待できるため、**減量中のストレス解消**にも最適です。


特にスルメはたんぱく質も豊富で低カロリーなので、多少食べすぎても気にする必要はありません。また、硬いものを咀嚼するという行為は、**あごのたるみ防止**という女性にとって嬉しい効果もあります。

間食におやつとして食べるだけでなく、ゼロカロリーゼリーなどと一緒に食べるのもオススメ。ただし、塩分も多いので夜にたくさん食べすぎると翌朝むくんでしまう可能性もあるため注意が必要です。

冷蔵庫NAVI
10

調味料までこだわる必要ナシ！

「調味料も低カロリーのものを選ぶべきですか？」

という質問をよくいただきますが、そこまで気にする必要はないのではないかと考えています。それよりも大切なのは、**お肉などの食材をどう選ぶか**です。

食事は、食材の占めるカロリーの割合がほとんどで、**調味料がもたらす影響は微々たるもの。神経質になる必要はありません**。

むしろソースのカロリーを気にして塩胡椒味ばかりになり、肉に飽きてしまうほうが、減量にとってはよっぽどリスキーなことだと覚えておきましょう。

だからといって、オイルたっぷりのドレッシングをサラダにかけたり、マヨネーズを使用したりすると、さすがにカロリーが跳ね上がります。

ドレッシングを使うときは**ノンオイル**、**どうしてもマヨネーズが使いたいときは低カロリーマヨネーズ**を選ぶようにしましょう。最近はカロリー80％オフのマヨネーズもあります。

SPECIAL

ストレスでどうしても食べたいなら、あえて食べる「ごほうびDAY」を用意

どうしても食べたい衝動に駆られたとき、または誕生日会や会食のあるとき、どう対処すればよいのでしょうか？

そんなイレギュラーな場合は「ごほうびDAY」を取り入れてみましょう。**1200kcal以外に、1日だけ1500kcal**摂ってもいい日を作るのです。頻度は月に1回程度、どんなに多くても週1回までがベスト。

例えば、会社の飲み会でどうしても夜のカロリーが高くなってしまう日。朝、昼を300kcalに抑えておいて、残りの900kcalを飲み会に充てましょう。

また、どうしてもケーキを食べたい欲求があるなら、「ごほうびDAY」として食べてもいいんです。ダイエット中の過食は、自分で食欲をコントロールできなくなって起こるもの。そうなる前に**自分で食欲をコントロールするための工夫をすること**が大切なのです。

食欲に振り回されるのではなく、自分の手のひらで転がすくらいの気持ちでいるようにしましょう。

「ごほうびDAY」はいつもより摂取カロリーが多いので、筋トレや有酸素運動も頑張れるはずです。タイミングが合わせられるのであれば、「ごほうびDAY」に筋トレや有酸素運動を行うと、より効果的です。とはいえ、現状食欲に問題がなければ、あえて「ごほうびDAY」を入れる必要はありません。

ごほうびに何を食べる？

「ごほうびDAY」をどのように使うのか、まず決めてしまいましょう。例えばショートケーキなら1個約360kcal、ソフトクリームなら約190kcal、チョコレートなら板1枚で約360kcalほどです。**たんぱく質量や食事のタイミング、総摂取カロリーが守られていれば**何を食べても問題ありません。サバをいつもより多く食べたり、卵を1個から2個に変えたり、筋トレ2時間前にいつも諦めていたスイーツを食べたりしても◎。

サプリメントNAVI

SPECIAL

効率的にヤセるなら サプリメントの摂取は必須!

たんぱく質を効率よく摂取するためにプロテインを利用することをオススメしてきましたが、同時に他のサプリメントも活用していただきたいのです。短期減量にはサプリの活用が必須といえます。

さまざまな種類があるサプリメントの中でも、まず摂ってほしいのがマルチビタミンミネラル。1日2回、食事と一緒に摂ります。

もうひとつがバリン、ロイシン、イソロイシンという3つの必須アミノ酸が配合されたBCAAです。減量中はカロリーを抑えた食事になりますが、BCAAを使えば筋肉が落ちにくくなり、さらにカロリーが少ない状態でも頑張れるようになり、翌日の疲労が残りにくくなるといわれています。攻めた短期減量にはぜひ取り入れたいところです。

これらのサプリメントを上手に活用していきましょう。

女性専門フィットネスショップ
LEAN MAKE
https://body-make.com/shop/

国内産BCAA
(グレープ味)
(4,980円)

ホワイトマルチ
ビタミンミネラル
(5,724円)

PART 5

週2回×15分！
最も効率のいい
トレーニング術

短期集中ダイエットの要となるのが筋トレ。
効率重視の時短トレーニングなので、1回1回全力かつ、
正確なフォームできっちり行うことが大切！
筋トレの正しいやり方とコツをお伝えします。

週2日×15分のトレーニングで10kgヤセは十分可能

今回の短期集中ダイエットは、減量にかける時間やストレスを、どれだけ軽減できるかを最優先にしています。

ですから、時短トレーニングとして**「週2回×15分」**を設定しました。筋トレ未経験の人なら、筋肉が増える可能性もありますし、筋肉が落ちないようにすることは確実にできます。

15分間、4種類のトレーニングを行い、必要な筋肉を鍛えていきます。**表と裏を連続して鍛えるスーパーセット、同じ部位を2種目連続で鍛えるコンパウンドセット**などのテクニックを使って、短時間で効率的に必要な筋肉に刺激を与えられるようなメニューです。

筋トレを行うタイミングは、1日のうちのどの時間帯でも構いません。

基本的には2セット行っていきますが、時間や余力があるという人は15分をオーバーしてでも3セット行ってみましょう。ただし、**4セット以上行うことはむしろ効果を下げてしまうのでNG**。ギリギリ2~3セットできる、というくらいの力で行うことが大切です。

筋トレの2時間前には1個のおにぎり、筋トレ後にはプロテインを

空腹で筋トレしたほうがヤセるのでは？　と思う人がいるかもしれませんが、それは大きな間違い！　筋トレ前に糖質を摂らないと、パワー不足で単なる有酸素運動のようになってしまいます。すると筋肉がつかない上に、成長ホルモンが十分に分泌されず、筋トレの素晴らしい効果が一切出なくなってしまいます。

ですから**筋トレの2時間前には、おにぎりを1個食べること**。これだけで効果は大幅にアップします。

和菓子や脂質の少ない米粉パンなどで糖質を摂っても構いません。ただし、果物は筋トレのパフォーマンスを上げてくれない果糖という糖質が含まれており、糖質を摂らないよりはいいのですが、あまり推奨はしません。

筋トレ後は、筋肉がいちばんたんぱく質を欲しがる時間ですので、必ず**たんぱく質を20g以上**摂りましょう。プロテインがオススメですが、苦手な人はできれば筋トレ後30分以内、遅くとも2時間以内に、たんぱく質20g以上入った食事を摂りましょう。

筋トレ前

おにぎりや和菓子、米粉パンなどで糖質を摂ります。これが筋トレのエネルギーになってくれるのです。

筋トレ後

たんぱく質20g以上を必ず摂取。プロテインがオススメですが、たんぱく質多めの食事でも可。

甘いものがやめられない人は筋トレ前に摂る

スイーツが大好きで、食べられないのは本当にツライという人は、無理にやめる必要はありません。

我慢ばかりだと、ストレスホルモンのコルチゾールがたくさん分泌されるので、筋肉が分解され、減量の効率が下がってしまいます。

究極をいえば、**たんぱく質量と総摂取カロリーさえ守っていれば、スイーツを食べてもOK**。さらに食べるタイミングを工夫すればプラスに働くこともあります。

例えば、**スイーツを筋トレ前に食べれば一石二鳥**です。スイーツも実のところカロリーなので、筋トレ前に摂取するとパフォーマンスがアップするのです。

筋トレ後は食べたものが最も体脂肪になりづらいタイミングなので、そこでスイーツを食べるのもよいでしょう。

いずれにせよ、スイーツを食べたい場合は、筋トレ前後に食べるとメリットが最大限になり、デメリットは最小限に抑えられます。

効果的に筋トレを行うために知っておきたいトレーニング方法

今回、短時間・短期間で効果を出すために知っておいていただきたいのが、**「スーパーセット」と「コンパウンドセット」**という方法です。これらを組み合わせることで、筋トレの効果を最大限発揮できます。

スーパーセットとは、**2つの拮抗筋※を鍛える方法**です。筋肉の表と裏を同時に鍛える、というとイメージしやすいでしょうか。例えば、力こぶを鍛えた後、その裏側の二の腕をすぐに鍛えます。これを行うことで短時間でも筋トレの効果が出るのです。

コンパウンドセットとは、**同一の部位を連続して異なる種目で鍛える方法**です。続けて行うことで、強い刺激を与えることができます。

これから紹介する種目は、スーパーセット、コンパウンドセットを取り入れた、これまで筋トレをしたことがない人にも効果が出る最強のトレーニングメニューです。とはいえ、ポイントを守らないと効果が半減してしまうので、説明や動画をしっかり確認してくださいね。

※拮抗筋……ある筋肉が主動筋となるとき、反対の動きをするペアになる筋肉。例えば、ひじを曲げる上腕二頭筋とひじを伸ばす上腕三頭筋のように、お互いに反対の動きをする。

10kgヤセには
このトレーニングを組み合わせる!

必ずこの組み合わせと順番で行ってください

① 内もも

ワイドスクワット
15回
×2

1分休憩

② お尻

A

ヒップリフト
20回
↓
B

足裏ヒップリフト
20回
↓
C

うつ伏せヒップリフト
10秒
×2

1分休憩

女性のボディメイクに必要な筋肉をすべて鍛えられます。週2回、これらを行うだけで筋トレ完了です。

トレーニングの流れ

①内もも15回→1分休憩→①内もも15回→1分休憩
→②A 20回 ＋ B 20回 ＋ C 10秒→1分休憩
→②A 20回 ＋ B 20回 ＋ C 10秒→1分休憩
→③A 15回 ＋ B 15回 ＋ C 15回→1分休憩
→③A 15回 ＋ B 15回 ＋ C 15回→1分休憩
→④A 20回 ＋ B 20回→1分休憩
→④A 20回 ＋ B 20回 終了

一度やったら、必ず3日休みましょう。月曜日にやったら、次は金土日のどれかで行います。

①〜④まで全部やって15分

※×2を×3に増やして、トータル20分でもOK！

③ 胸・背中・二の腕

A

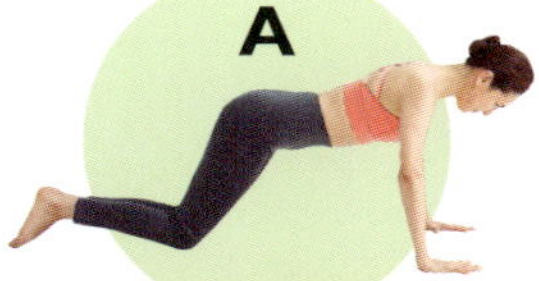

膝つき腕立て伏せ
15回
↓
B

シーテッドローイング
15回
↓
C

両手キックバック
15回

×2

→ 1分休憩 →

④ お腹

A

ツイストクランチ
20回
↓
B

バイシクルクランチ
20回

×2

内もも

ワイドスクワット

大きな内ももの筋肉（内転筋）が効率的に鍛えられる種目なのではじめに全力で行いましょう！

15回×2セット
（余裕があれば20回）

CHECK!
動画はこちら！

POINT
この種目を頑張ることで成長ホルモンの分泌が変わる！

1

つま先は45度で

足を肩幅より開いて つま先を外側に向けて立つ

足を肩幅より大きく開いてつま先は外側に向ける（オススメは45度）。背中をまっすぐに伸ばした状態から少し前傾させ、膝を少し曲げる。両手は力を抜いてカラダの近くにだらんと下ろす。

2

猫背にならないように
膝が前に出ないように

膝が直角になるまで 真下にしゃがむ

上体を少し前傾させたまま斜め下を見ながら、太ももが床と平行になるまでゆっくりしゃがむ（カラダが固くてツライ場合は浅くてOK）。

NG

膝がつま先より
前に出ないように!
膝が前に出ると前ももが鍛えられ、足が太くなるので要注意! そり腰や猫背だと腰を痛めやすいので注意して!

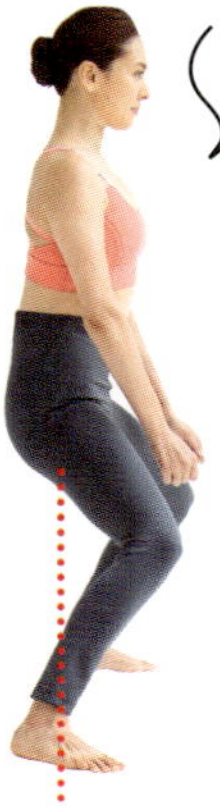
前ももが
パンパンに…

1秒キープ

3

目線は前でなく、
斜め下に
上半身は
少し斜めにして
常に角度をキープ
膝が前に
出ないように

しゃがんだ状態で 1秒間キープする

いちばんしゃがんだ体勢のまま、1秒間キープする。バランスを崩してしまう場合は、イスなどにつかまりながら行ってもよい。

4

膝が伸びきる 少し手前まで立ち上がる

1秒間キープしたらゆっくり立ち上がり、膝が伸びきる少し手前(※)で止める。❶~❹を繰り返し行う。

※完全に伸ばしきってしまうと、力を抜いていても姿勢を維持でき負荷が減ってしまう。

CHECK!
動画はこちら!

お尻-A

ヒップリフト

お尻（大臀筋）と裏もも（ハムストリングス）を鍛える種目。ヒップアップや裏もものセルライト対策、太ももの引き締めに効果的。

20回 × 2セット

つま先を上げ、指先はリラックス
腰をしっかりくっつけて
かかととお尻が離れすぎないよう近づけて
足は肩幅程度

1 仰向けに寝て膝を曲げかかとに重心を置く

仰向けに寝て足を肩幅程度に開き、膝を曲げて胸の前で手を交差して組む。つま先を上げ重心をかかとに置く。床と腰のすき間をなくす。

NG

足裏をすべてつけて行わない!

重心はかかとに置き、つま先を上げて行います。つま先に重心がかかるとお尻がうまく使えなくなります。

1秒キープ

2

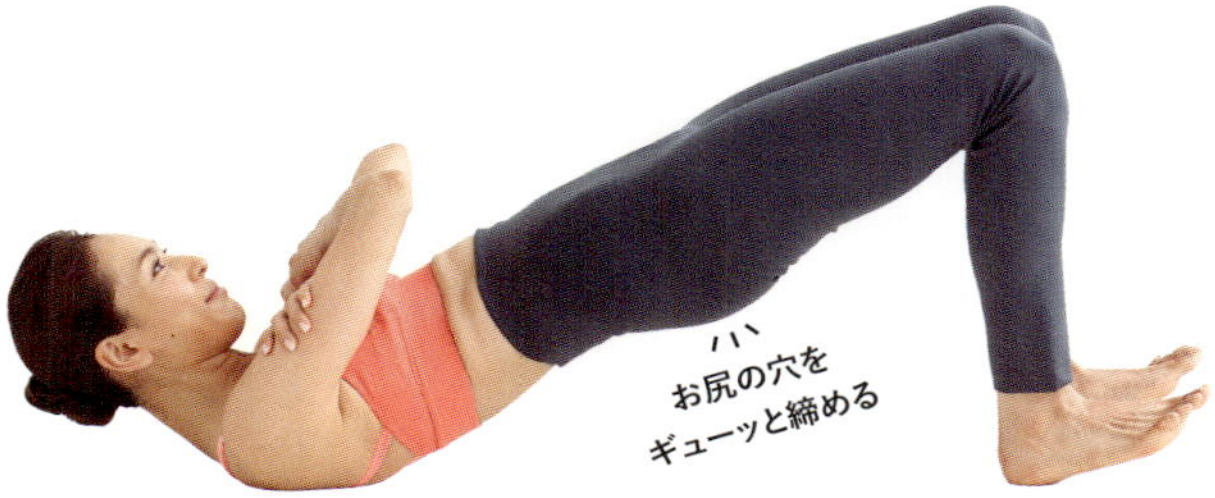
お尻の穴を
ギューッと締める

お尻をできるだけ高く上げて1秒間キープする

お尻の穴を締めるイメージで背中と腰が一直線になるまでお尻を上げ、1秒間キープ。重心はかかと、二重あごになるくらい猫背にする。

膝の位置が
変わってしまう

✕NG

膝が開かないように!

膝が開いたり閉じたりするとお尻や裏ももがうまく働きません。終始、膝の開きは変わらないようにキープして。

3

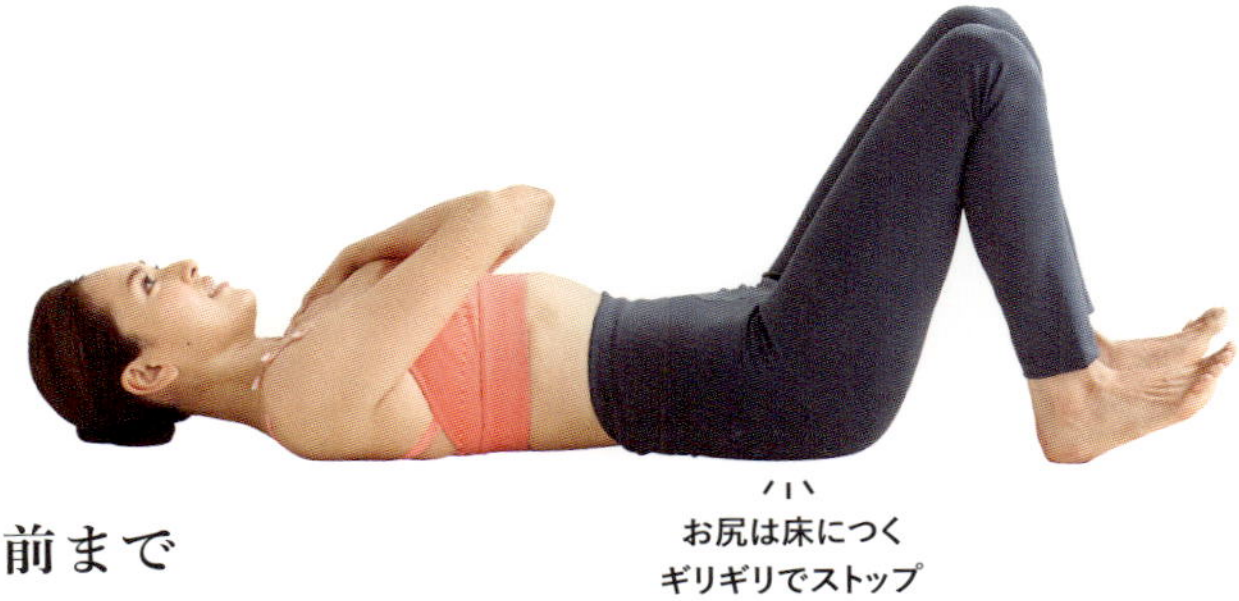
お尻は床につく
ギリギリでストップ

床につく直前までお尻を下ろす

床につく直前までお尻をゆっくり下ろし、またお尻を上げる。完全にお尻が床につくと負荷が抜けてしまうので注意。❷〜❸を繰り返す。

お尻-B

足裏ヒップリフト

お尻の上部にある中臀筋が鍛えられるので、引き締まって美尻に！ ふくらはぎの負荷が減り、膝下の脚ヤセ効果も。

20回 × 2セット

CHECK!
動画はこちら!

足裏を
くっつける

1 仰向けで手を胸の前で組み足を開いてかかとをつける

仰向けのまま、胸の前で手を交差して組み、両足を大きく開いて足裏（かかと）をつける。腰と床の間のすき間をなくす。

1秒キープ

お尻の穴を
ギューッと締める

2 膝を大きく開いたままお尻を限界まで高く上げる

かかとが離れないように注意しながらお尻を限界まで上げ、1秒間キープする。お尻が床につく直前までゆっくり下ろして、また上げる。この動きを繰り返す。

CHECK!
動画はこちら!

お尻 -C

うつ伏せヒップリフト

お尻全体と裏ももの筋肉をさらに追い込むトレーニング。3種目で疲労が溜まってくる頃ですが、10秒間は絶対にキープして!

10秒 × 2セット
(余裕があれば20秒)

1

うつ伏せで脚を閉じ膝を直角に曲げる

うつ伏せになって両腕に顔をのせ、脚を閉じて膝を直角に曲げる。胸から膝までしっかりと床につける。

10秒キープ

2

脚を限界まで上げて10秒間キープ

脚をぐっと上に持ち上げて、10秒間キープする。腰が痛い人は途中で休んだり、少し上げるだけでもOK。

胸・背中・二の腕-A

膝つき腕立て伏せ

胸と二の腕を鍛えて、バストアップや振り袖対策も。初心者はイスや壁を使って負荷を軽くしてもOK。

15回×2セット

CHECK!
動画はこちら!

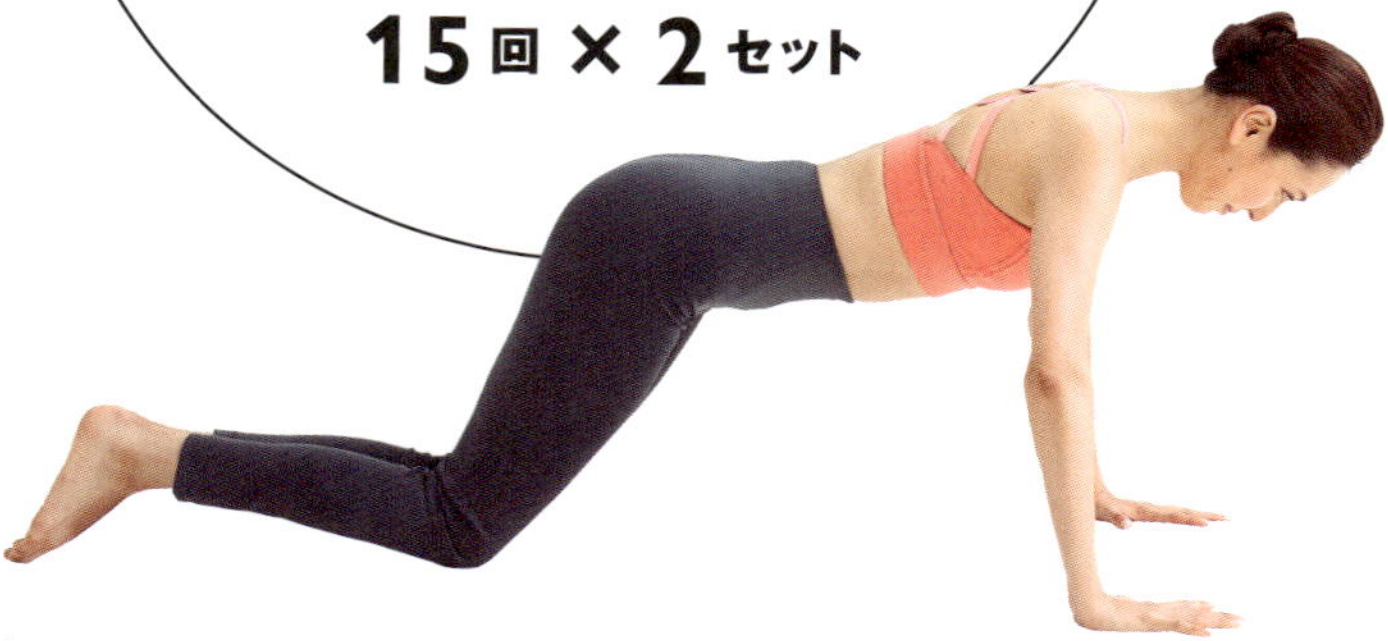

1 四つん這いで肩の真下あたりに手を置き膝とつま先を地面につける

四つん這いになり、手を肩幅より大きく開いて肩の真下あたりに置く。膝とつま先を地面につける。

2 胸が床につく直前までゆっくり深く下ろす

胸を床ぎりぎりまで近づける。顔ではなく胸を床につけるイメージでゆっくり下ろす。後半、どうしてもツラくなってきたときは、浅くてもいいので15回やりきること。
❶〜❷を繰り返す。肩がすくまないように注意。

CHECK!
動画はこちら!

イスで行う場合

両手を肩幅より開いて胸を台に近づけていく

背中をまっすぐにし、両手を肩幅より広くついて、ゆっくり胸をイスに近づける。肩がすくまないように注意する。

肩が上がらないように
NG

CHECK!
動画はこちら!

手は頭より上につかないように
NG

壁で行う場合

手を肩より下について壁に胸を近づける

壁から少し離れた場所に立ち、両手を肩幅より広く開き、肩より下で壁につく。壁にゆっくり胸を近づける。

50㎝ほど離れる

胸・背中・二の腕 -B

シーテッドローイング

背中全体と二の腕を鍛えます。背中を鍛えると、姿勢の改善や脇の下のたるみが目立ちにくくなる効果も。

15回 × 2セット

1

イスに浅く腰掛けて上体を深く倒す

イスに浅めに腰掛け、両足を揃えて床に垂直に下ろす。上体を深く倒して、両手を下に下ろし、つま先に触れる。

1秒キープ

2

ひじを斜め後ろに引いて胸を張り、1秒間キープ

上体を倒したまま、ひじを斜め後ろに引き、胸を張って1秒キープ。胸を張ろうとして上体が起きすぎないよう注意。

CHECK!
動画はこちら!

胸・背中・二の腕 -C

両手キックバック

二の腕の引き締めに最も効果的なトレーニング。二の腕のたるみが気になる人は、特に気合を入れて頑張りましょう。

15回 × 2セット

腕を限界まで上げて 1秒キープ

腕を限界まで上げて1秒キープ。ひじを固定したまま1の状態にゆっくり戻す。

上体を深く倒して脇を締め 二の腕は床と平行に

シーテッドローイングと同じくイスに浅く腰掛け、足を垂直に下ろして上体を深く倒す。脇を締めて二の腕と床は平行に。ひじから下は垂直にする。

お腹 -A

ツイストクランチ

お腹全体を理想の比率で鍛えるのに最適な種目。ぽっこりお腹の改善やくびれ作りに効果的。

20回 × 2セット

CHECK!
動画はこちら!

1 仰向けになり、両手を頭の後ろでしっかり組む

仰向けになり、足裏を床につけて膝を曲げる。腰と床のすき間をなくす。

しっかりと上体を起こす
これで1回

2 カラダをひねり、左ひじと右膝をつける

上体を起こして左ひじと右膝をつけ、ゆっくりと1の状態に戻す。頭が地面につく直前で反対側を行う。

CHECK!
動画はこちら!

お腹 -B

バイシクルクランチ

ツイストクランチの直後に行うことで自宅でひとりで行っても、筋トレ効果が見込めます。ダイナミックに行うことがポイントです。

20回 × 2セット

1

上半身を上げたまま カラダをひねり脚を動かす

ツイストクランチと同じ動きを、上半身を上げたまま行う。

2

とにかくダイナミックに スピーディーに行う

❶と❷の動きをすばやく繰り返す。上半身はしっかりと左右にひねり、下半身は前後に最大限動かす。

有酸素運動をさらにプラスするならどのタイミング？

オススメの有酸素運動は……

ジムに行かずに手軽にできるオススメ有酸素運動をご紹介します。

いちばんはウォーキング。特別な時間を取らずに一駅歩くだけでも効果は十分です。

また、自宅では踏み台昇降がオススメ。小さいスペースでも十分できます。市販されているステッパーを使っても構いません。また、Youtubeで「有酸素運動」と検索すると、さまざまなメニューが出てきますので、動きをマネてもOKです。時間がない！　というときは、掃除などの家事を大げさな動きでやってみるものいいですね。

短期集中ダイエットでは、有酸素運動がとても重要になります。朝10分夜10分でも構いませんので、続けて積み重ねていくことが大切です。空腹の状態だと筋肉と体脂肪を両方落としてしまい代謝が下がります。１００kcalでいいので、食事を摂ってから行いましょう。そうすれば、食べたもののエネルギーと体脂肪が使われ、筋肉が落ちません。
どうしても食べる量が減らせない、今日は食べすぎてしまった、というときには有酸素運動をさらに増やして消費カロリーを増やすようにしましょう。
ただし、有酸素運動で疲れてしまい、筋トレができなくなっては本末転倒！　日常生活の中で、しんどくない程度に組み込むことが理想です。

短期減量の後もリバウンドさせない

3カ月の減量期が終わっても、カラダを維持するために筋トレは何があっても続けてください。

筋トレをやめると、せっかくついた筋肉や代謝が徐々に落ちていきます。これは人間である以上絶対にあらがえません。

「3カ月だから頑張れると思ったのに、一生筋トレなんて絶対ムリ！」と思った人。じつは維持期に入ると摂取カロリーが増えるので、パワーが出やすく、**減量中より****ずっとラクに筋トレができるようになります**。また、3カ月続いている時点で大半の人が筋トレを習慣化できているので、そもそも苦ではないはず。特に**維持期に入って****はじめの約3週間は、代謝をアップする絶好の機会**。さらにヤセやすいカラダを作るチャンスでもあるんです！

また、維持期の食事管理は、たんぱく質を1日70〜80g以上に増やしつつ、総摂取カロリーは減量中のカロリーに300〜500kcal上乗せしましょう。例えば、減量中1000㎉だった人は1300～1500㎉になります。

そんなに一気に上げて太らないの？　と心配になるかもしれませんが、じつは**一度にカロリーを増やしたほうが、今まで下がっていた代謝が一気に回復します**。むしろ中途半端に増やすと代謝があまり上がらず、結果的に損になるのです。

減量が終了してから3週間以内が、いちばんリバウンドのリスクが高い時期です。ですから、減量終了後からの3週間は、**❶体重のチェック、❷カロリー計算、❸筋トレ**の3つを必ず行ってください。どうしても体重が増えるのが怖い人は、有酸素を多めにしても構いません。

この3週間を乗りきれば勝ったも同然です。

僕の指導経験上、カロリー計算をして減量に成功した人は「500㎉も増えたらなんでも好きなものが食べられますね」とおっしゃいます。その感覚こそが減量に成功し、ダイエット力が上がった証拠なのです。

まだ減量が終了していないみなさんは、そんなことあるわけないと思われるかもしれませんが、減量に成功した3カ月後、本当だったと実感しているはずです。

この本の内容を守れば必ず結果はついてきますので、一緒に頑張りましょうね！

リバウンドしない

ヤセPOINT 1

ダイエット中、
お酒との付き合いは……

お酒がカラダに及ぼす影響に関する研究データは日々更新されていますが、最も有力なのが、「お酒がダイエットにプラスに働くことは一切ない」という研究結果です。

ですから、ダイエット中はできる限りお酒を飲まないようにしてもらいたいのですが、仕事をしていれば、どうしても付き合いなどで飲まざるをえない場合もありますよね。その場合は、最も悪影響を及ぼしやすい**筋トレの日は避けて飲むようにしましょう**。

また、食事をほとんど食べずにアルコールだけを飲むと、ダイエット視点で見るとカラダは大きなダメージを受けてしまいます。**高たんぱく低カロリーなおつまみと一緒に飲む**ことで、デメリットを最小限に抑えることができます。

リバウンドしない
ヤセPOINT 2

食べすぎた!!
そんな時のアフターフォロー術

ダイエット中は、ダメだとわかっていてもついつい食べすぎてしまう日があるものです。しかし、落ち込まないでOK。その分、**運動を増やしてアフターフォローをすれば大丈夫**です。

カロリーを多く摂ったら、12時間は体にエネルギーが余っている状態になるので、多めに運動しても無理がきく状態になっています。

ですから、筋トレの日ならセット数を上げて筋トレの時間を増やし、そうでないなら食べすぎを相殺する気持ちで有酸素運動を行いましょう。夜に食べすぎてしまった場合は、翌朝**プロテインだけで済ませるといったカロリー調整も有効です**。

食べすぎてしまった、と罪悪感からストレスを抱えるのは、ダイエットにとってマイナス効果なので悩まないでくださいね。

リバウンドしない
ヤセPOINT 3

長期休暇や旅行中に気をつけるべきことはコレ

旅行はめいっぱい楽しむべきときですから、食べてOKです！ ただしプロテインを持参して、**たんぱく質は必ず摂りましょう**。夕飯を楽しむプランなら、朝と昼はプロテインとサプリメントだけにしてカロリーを抑えるなどの工夫をしましょう。毎日の置き換えダイエットは推奨していませんが、短い旅行限定でならアリです。

いちばんやってほしくないのは、**朝昼は何も食べずに夜だけ食べて1200kcalに抑えようとするパターン**です。たとえカロリーオーバーしても、たんぱく質20gは朝昼晩必ず摂ってください。

旅行出発前ギリギリまで筋トレしてから行く、帰ってきたら有酸素運動を増やす、などといったフォローでカロリー調整を行えば、短い旅行で多少オーバーしても気にする必要はありません！

朝、昼はしっかり食べて
1200kcalに調整
1200

リバウンドしない

ヤセPOINT 4

生理中の食欲爆発への対策はダイエットスタート時期にアリ

生理前や生理中は、女性ホルモンの影響で食欲が増進するという人も多いと思います。PMS（生理前症候群）の影響で食べすぎが心配な人は、**生理明けのタイミングからダイエットをスタート**してください。

生理明けから始めて、筋トレやカロリー制限に慣れておけば、次の生理が来たときに食欲をコントロールしやすくなります。まだ、減量に慣れていない初期の頃に生理前の食欲が来てしまうと、対処がうまくできずに挫折するリスクが高まります。とはいえ、ホルモンに打ち勝つのは簡単ではありません。しかし、結果を出すにはどこかで必ず努力する必要があります。食欲が安定しているときは筋トレや有酸素運動をするなど、できる範囲で頑張りましょう。また、生理中の運動は、体調が悪すぎなければ全く問題ありません。

生理明けからスタート。
筋トレなどに
慣れるところから

短期間でキレイにヤセたいあなたへ

僕は現役の女性専門パーソナルトレーナーとして活動しています。筋肉をつけたい、体力をつけたい、脚だけ細くしたい、老けずにキレイにヤセたいなどお客様からさまざまな問い合わせをいただきますが、

「なるだけ早く短期間でヤセたい」

と言われる方がやはり多いです。

もちろんキレイに健康的にヤセるためには1カ月に1kgほどのゆっくりペースでヤセることがいちばんだと思います。

しかしながら、そういったペースでは体重が70kgの女性だと理想の体型になるのにいったいどれだけ時間がかかるのかということ。

また地味にツライダイエット期間がだらだらと続くことで、むしろ身体的精神的なストレスを溜める方も少なくありません。

だからこそ僕は、この本で短期的なダイエットのやり方を書かせていただきました。

この本では健康的に、そしてキレイに短期的にヤセるためには何を守らなければならないか？　をしっかりと書いています。これらの内容さえ守れば間違いなく短期ダイエットを行っても健康的にヤセられるはずです。だって僕が今まで何百人もの女性を実際に成功させてきましたからね！　あとはみなさんのやる気次第です。頑張ってダイエットを成功させましょうね！　応援しています！

石本哲郎

根性なしでも
10kgヤセたい!!

著者　石本哲郎

2019年12月10日　初版発行

発行者　横内正昭
編集人　青柳有紀

発行所　株式会社ワニブックス
〒150-8482 東京都渋谷区恵比寿4-4-9　えびす大黒ビル
電話　03-5449-2711（代表）
03-5449-2716（編集部）
ワニブックスHP　http://www.wani.co.jp/
WANI BOOKOUT　http://www.wanibookout.com/

印刷所　凸版印刷株式会社
製本所　ナショナル製本

本書で紹介した方法を実行した場合の効果には個人差があります。
また、持病をお持ちの方、現在通院をされている方は、事前に主治医と相談の上、実行してください。

ISBN 978-4-8470-9857-4

STAFF

モデル　ソギョン（スペースクラフト）
装丁・本文デザイン　木村由香利（Pathmaraja）
イラスト　ひぐちさとこ
平井さくら
撮影　岡部太郎
貝塚純一
ムービー　ノンキビーム
スタイリスト　明石幸子
ヘアメイク　猪狩友介（Three PEACE）
構成　井上真規子
校正　深澤晴彦
編集　野秋真紀子、岡田直子
（ヴュー企画）
編集統括　吉本光里（ワニブックス）

衣装クレジット
GLAZ respirer（TAKASO）
03-3862-2301
イージーヨガ ジャパン
03-3461-6355

商品問い合わせ先
● オートミール
豊産業株式会社
045-453-2323
● ステッパー
モダンロイヤル株式会社
03-5843-6281
● 1本満足プロテインバー
アサヒグループ食品株式会社お客様相談室
0120-630611
● あすけん
株式会社asken
asken-info@greenhouse.co.jp
● My Fitness Pal
http://www.myfitnesspal.com/ja/contact-us

参考文献

『七訂 食品成分表2019 資料編』
香川明夫監修　女子栄養大学出版部
『20kgやせた! 麻生式糖質量ハンドブック』
麻生れいみ監修　宝島社

大丈夫！
僕がついてるからね！
CHECK!